신입사원
비법서

왜 3년으로 했는가?

이 책의 부제는 '딱 3년만 쓸모 있는 직장생활 비법서'입니다. 물론 3년이라는 기간이 칼로 무 자르듯이 뚜렷한 차이점이나 특이점을 만들어 내는 것은 아닙니다. 당연히 3년 차 미만의 직장인들만 이 책을 읽어야 한다는 뜻도 아닙니다. 다만 메시지의 포커스를 명확히 하고 특정 타깃에 좀 더 도움이 되는 책을 쓰기 위해 3년이라는 기간을 산정한 것일 뿐이죠.

사회생활을 시작하고 3년까지는 직장이라는 환경과 주어진 업무에 적응하는 시간입니다. 사실 적응이라는 고급진(?) 표현을 썼지만 칭찬받거나 인정받는 일보다 깨질 일이 더 많고 그만큼 좌절할 일도 많은 시기입니다.

'이게 정말 맞나?'

'내가 이런 소리 들으려고 대학 공부했나?'

'이럴 때는 어떻게 해야 될까?'

머릿속에서 수많은 '?'와 '!'가 오가는 나날의 연속입니다. 스스로 답을 찾아야 하고, 배워야 할 것도 많은 시기죠.

물론 이후에도 배워야 할 것은 많습니다. 하지만, 사회에 첫발을 내딛은 날부터 3년이라는 기간 동안 배운 일들은 개인의 삶과 경력의 밑그림이 되어, 이후 색을 입히고 어엿한 그림을 완성해 나가는 데 무엇보다 도움이 된다고 생각합니다.

그래서 저는 직장생활 3년 동안 익혀두면 좋을 내용들로 책을 구성했습니다.

축구 경기에서 실점의 95%는 반드시 지켜야 하는 축구의 기본을 수비수들이 최소한 5차례 이상 지키지 않았을 때 발생합니다. 세계적인 수준의 수비수가 되는 조건 중 하나는 축구의 기본, 그 기본을 철저히 지키는 평범함에 있습니다.

- 전 국가대표 축구선수 이영표 -

다소 긴 문장입니다만, 한마디로 'Back to the basic'을 강조하는 격언입니다. 오랜 시간 한 자리에서 최정상을 지켜오며 쌓은 내공의 깊이가 느껴지는 말이죠.

스포츠에서도, 그리고 우리 삶에서도 기본을 지키는 일만큼 중요한 것은 없습니다. 기본은 일의 뼈대이자 시작이며, 성장의 토대가 되는 그 무엇이기에 아무리 강조해도 지나치지 않습니다. 하지만 기본을 지키는 일만큼 어려운 것도 달리 없는 게 현실이죠.

그래서 고민하기 시작했습니다. 과연 요즘 세대 신입사원에게 필요한 기본은 무엇일까? 고민에 고민이 이어졌습니다.

긴 고민 끝에 제가 찾은 답은 3가지, 각각 한 글자로 된 세 단어 '일', '글', '말'이었습니다. 일을 잘하고, 글로 잘 정리하고, 말로 잘 설명하는 능력. 이 3가지 능력이 가장 기본이자 직장인에게 꼭 필요한 능력이 아닐까 생각했습니다. 이 3가지 요리의 레시피만 잘 알고 있으면 일류 셰프까지는 아니더라도 동료들에게 충분히 인정받는 요리사가 될 수 있겠다고 확신했습니다.

추가로, 일, 글, 말이라는 메인 디시 외에 몰라도 그만이지만 알아두면 좋을 만한 직장생활 꿀팁을 '신입사원에게 필요한 MSG'라는 꼭지 글로 책의 중간에 삽입하였습니다. 음식에 꼭 필요한 재료는 아니지만, MSG가 망한 음식을 마치 마법처럼 부활시키듯이, 힘들고 어려운 직장생활에 도움이 되는 몇 가지 팁을 담았습니다.

신입사원은 말 그대로 사회 생활을 처음 시작한 사람입니다. 그들에게 탁월한 성과나 업무 능력을 기대하지 않습니다. 오랜 시간을 버텨낸 선배나 상사분들도 이미 겪어온 과정이기에, 많은 시간과 시행착오를 필요로 한다는 것을 알고 있습니다. 하지만 그 기다림이 오래 지속되지는 않습니다. 따라서 빠른 시간 안에 스스로 방법을 찾고 주도적으로 일할 수 있는 능력을 키워야 합니다.

부디 이 책이 그 기간을 좁히고 좀 더 빠른 시간 안에 성과를 내는 데 도움이 되길 희망하며, 지금부터 가장 쉽고도 어려운 Back to the basic의 세계로 여러분을 안내하겠습니다.

목차

비법 2   프로 글잘러

목차

비법 3 **프로 말잘러**

✕

"똑같은 일을 반복하면서 다른 결과를 기대하는 것은
미친 짓이다."

-앨버트 아인슈타인-

비법 1

프로 일잘러

Why가 그토록
중요한 Why

What이 아닌 Why 사고로 전환하자

옛날 중국의 한 상단[1]에 '쩐쮸안예'와 '쩐예위'라는 두 상인이 있었습니다. 쩐쮸안예와 쩐예위는 입사 동기로 둘 다 촉망을 받는 신입사원이었습니다. 하지만, 시간이 지나면서 쩐쮸안예는 승승장구하는 데 반해 쩐예위는 점점 C-플레이어(저성과자)로 전락하며 승진에서도 밀리기 시작했습니다. 불만에 불만이 쌓인 쩐예위는 어느 날 사장님을 찾아가 하소연을 시작합니다.

"사장님! 제가 쩐쮸안예보다 더 열심히 일하는데, 왜 이런 대우를 받아야 합니까?"

사장님은 답변 대신 다음과 같은 업무 지시를 내렸습니다.

"가까운 장터에 가서 사람들이 무엇을 하고 있는지 보고 오너라!"

비가 오는 굳은 날씨였지만 쩐예위는 기쁜 마음으로 장터에 다녀온 뒤 이렇게 보고했습니다.

"비가 와서 그런지 사람들이 거의 없고, 감자 파는 노인 한 명밖에 없었습니다."

---

1 상단은 지금의 '상사'와 유사한 형태의 회사로서, 쉽게 말해 물건을 매입해서 이를 되팔아 수익을 올리는 곳이다.

사장님은 질문을 이어갔습니다.

"그래? 감자 하나 가격이 얼마나 되더냐?

말문이 막힌 쩐예위는 할 수 없이 다시 장터에 가서 감자 가격을 알아보고 왔습니다.

"감자 하나에 4푼씩 한다고 합니다."

사장님은 다시 이렇게 되물었습니다.

"그래? 감자의 상태가 어떠했느냐?"

쩐예위는 살짝 화가 나기 시작했지만, 사장님의 인정을 받을 수 있는 좋은 기회를 놓치고 싶지 않았기에 다시 장터로 달려갔습니다.

"사장님, 감자가 아주 크고 실했습니다!"

여기까지 들은 사장님은 더 이상 말이 없었습니다. 대신 프로 일잘러 쩐쮸안예를 불러서 똑같은 지시를 내렸습니다.
얼마 후, 쩐쮸안예는 혼자가 아닌 노인과 함께 돌아와서 이렇게 보고했습니다.

"사장님, 비가 와서 그런지 감자를 파는 노인 1명 밖에 보이지 않았습니다. 감자는 크고 실했는데 가격이 4푼밖에 하지 않았습니다. 4푼에 매입하여 10푼에 팔면 이익이 남을 것 같아 재고를 확인해보니 100가마 정도는 된다 하여 일단 노인을 모시고 왔습니다."

이 이야기는 중국에서 전해 내려오는 이야기로, '프로'와 '아마추어'가 일하는 방식에 대한 차이를 잘 보여주는 일화입니다. 중국어를 잘 아는 사람이라면 이야기 초반에 이미 눈치챘겠지만, 쩐예위는 '진짜 아마추어', 쩐쮜안예는 '진짜 프로'를 뜻하는 단어입니다.

이 둘은 업무 방식에서 확연한 차이를 보였는데, 그 핵심은 업무를 지시한 상대방의 의도를 알고 하는가, 그렇지 않은가의 차이라고 할 수 있습니다. 한 마디로 Why 사고와 What 사고의 차이를 극명하게 보여주고 있습니다.

먼저, 쩐예위(아마추어)는 상사의 업무 지시에 지시한 내용만 곧이곧대로 수행하는 What 사고의 전형을 보여줍니다. 표면적으로 드러난 지시사항에만 초점을 맞추어 시키는 일만 하는 사람이지요. 반면 쩐쮜안예(프로)는 일을 처리하기 전에 상대방, 혹은 스스로에게 질문을 던져 의도를 파악하는 Why 사고의 전형을 보여줍니다. 지시사항 이면에 숨겨진 상대의 의도를 파악한 후 일을 시작하는 것이죠. 쩐쮜안예(프로)는 이런 Why 사고를 바탕으로 보다 주도적으로 일하며 상사가 지시한 것 이상을 수행했고, 사장의 인정을 받을 수 있었던 것입니다.

이처럼 상사의 업무 지시에 표면적으로 대응하는 것이 아니라, '왜 이 일을 해야 하지?', '상사가 이 일을 왜 시켰을까?', '이 일을 하는 목적이 무엇일까?' 등을 생각하는 Why 사고는 직장 내 '일잘러'에게서 발견되는 업무 방식이자 효과적이고 효율적으로 업무를 처리하는 방식입니다.

"우리 부서 전원 작년 교육 이수 현황 좀 정리해서 알려줘요."

라는 상사의 업무 지시에 단순히 지시한 내용만을 이행하는 사람은 이렇게 보고합니다.

[What 사고를 하는 사람]

A팀 교육 이수 현황

- 김기동 과장 25시간
- 홍길동 대리 20시간
- 김교육 21시간

하지만, Why 사고를 하는 사람이라면 접근 방식 자체가 다릅니다. 먼저 질문을 던져서 상사가 업무를 지시한 의도를 파악합니다.

"팀장님, 우선 이 자료를 어디에 쓰려고 하는지 알 수 있을까요?"

팀장님이 대답합니다.

"인사팀에서 승진 대상자 심사에 대해 요청한 사전 자료라 이번 주 중에 전달해야 해요."

이런 식으로 팀장의 의도를 파악하고 나면 보고할 내용이 조금 달라집니다. 승진 교육 이수 시간을 확인 후, 승진 대상 요건과 기타 조치 사항 등을 포함할 수 있게 됩니다.

[Why 사고를 하는 사람]

A팀 교육 이수 현황 및 조치사항

- 김기동 과장 25시간(승진 교육 이수율 67%) → 추가 교육 필요
- 홍길동 대리 20시간(승진 교육 이수율 95%) → 온라인 교육 대체 가능
- 김교육 21시간(승진 교육 이수율 120%)

이렇게 업무를 처리하면 결과적으로 팀장님은 인사팀에 넘길 자료를 작성하는 수고를 덜게 됩니다. 자료를 검토한 후 곧바로 인사팀에 넘길 수 있겠죠. 팀장님이 할 일이 상대적으로 줄어드는 것입니다. 또한, 자료를 보고 김기동 과장과 홍길동 대리에게 추가 교육을 받게 한다거나 사전에 조치할 수 있는 방안까지 생각해 볼 수 있습니다. 팀장님이 요청한 자료에 Why

사고를 더함으로써 팀장님의 수고를 덜어드리는 것은 물론, 좀 더 효과적으로 일을 처리할 수 있게 되는 것입니다.

Why 사고는 비단 상사만을 위한 업무 처리 방식만은 아닙니다. 이런 업무 처리 방식을 통해 개인은 일의 목적을 생각하며 일의 의미를 깨닫고 좀 더 주도적으로 일할 수 있는 계기를 만들게 됩니다. 지시 사항 외에 다른 대안을 생각하거나 창의적인 일처리 방법을 시도하게 됩니다. 역으로 상사에게 새로운 방법을 제안하는 기회로 삼을 수도 있죠.

가끔 일을 하다 보면, '내가 이 일을 잘하고 있는 것인가? 혼나지는 않을까?'라는 걱정이 앞설 때가 있습니다. 이런 걱정은 일의 결과에 대한 불확실성에서 나오는 경우가 많습니다. 상사가 원하는 것을 정확하게 알지 못하는 것에서 생기는 두려움 때문이지요. 이러한 이 두려움을 날려 버릴 수 있는 가장 강력한 방법은 What 사고가 아닌 Why 사고를 하는 것입니다. 목적을 알고, 방향성을 알면 결코 두려울 일이 없습니다. 비록 당장 속도는 더디더라도 제대로 일하고 있을 가능성이 높습니다. 일의 목적을 파악하기 가장 좋은 방법은 업무 지시자인 상사에게 직접 물어보는 것입니다. 직접 대놓고 물어보기 어렵다면, 주변 선배나 관계자들에게 물어보는 것도 방법이겠죠. 물론 어느 정도 경험이 쌓이면 충분히 상사의 의도를 파악하는 능력이 생기겠지만, 그 전까지는 두 번이고 세 번이고 충분히 물어서 정확한 의도를 파악하는 것이 좋습니다.

'이번 영업팀 워크숍 좀 준비해봐'라는 상사의 지시에 '워크숍 왜 해야 하는 걸까? 단합이 목적인가 힐링인가?'를 먼저 물어야 하고, '매출 목표 정리해서 보고해줘요.'라는 지시에도 단순 현황 파악인지, 사장님 보고용인지, 인센티브 산출용인지, 거래처 공유용인지 등으로 업무를 지시한 이유를 알아야 합니다. 그래야 보다 정확하게 맡은 바 업무를 수행할 수 있습니다.

이렇게 업무를 수행하다 보면 점차 업무의 수준도 깊어지고, 범위도 넓어지면서 남들과 차별화된 능력을 기를 수 있을 것입니다. 그리고 보다 적극적이고 주도적이며 제대로 일할 수 있는 계기가 될 것입니다.

드래프트 비어만큼 시원한 일처리 방법

'제로' 드래프트로 '제대로' 일해보자

얼마 전 모 공기업의 차장으로 일하고 있는 지인을 만나 재미 있는 이야기를 들었습니다.

"대표님, 제가 얼마 전에 신기한 경험을 했어요."
"뭔데요?"
"아니, 어떤 신입사원이 저에게 와서 팀장님이 업무 지시를 했는데 왜 그런 지시를 했는지도 모르겠고, 뭘 어떻게 할지도 모르겠다는 거예요. 그래서 제가 물어보지 그랬냐고 했더니, 그 자리에서 물어보기 그래서 그냥 '넵' 하고 자리로 돌아왔다는 거예요."
"이제 재앙이 시작되겠네요. ㅎㅎ"
"사실 우리 팀장님이 일 시킬 때 좀 막 던지는 경향은 있거든요. 그래도 물어보면 가르쳐 주긴 하니까, 모르는 건 물어보면 좋을 텐데… 신입사원이 일단 '네'라고 대답하고 그 자리를 벗어나네요. 업무를 시킨 이유나 정확한 아웃풋도 모른 채 혼자 생각해서 일하는 방식이 서로에게 좋은 일인지 모르겠어요."

요즘 유행한다는 소위 '넵' 병의 실체를 마주할 수 있는 시간이었습니다. 상사의 지시에 일단 '넵' 하고 돌아서는 요즘 시대 풍토를 일컬어 넵병이라고 하는데, 억양이나 어조에 따라 굉장히 다양한 느낌을 전한다고 합니다.

네 넵!: 자신감이 넘친다.

넵 ㅠㅠ: 군이 그것까지 왜? 일단 알겠습니다.

넵~: 내키지는 않지만, 그렇다고 싫지도 않다.

넴: 하기 싫은데, 니가 시키니까 한다.

이외에도 수십 가지의 종류가 있다고 합니다.

'넵'이라고 답하는 사람의 속사정이야 어찌되었든 상대방에게 전달되는 넵의 의미는 단 한 가지입니다. "시킨 업무 내용을 잘 알아 들었습니다."

상사는 이 대답만 철석같이 믿고 제대로 된 일처리가 될 거라 기대하고 있습니다. 하지만, 고생 끝에 가져간 업무 결과 앞에 상사는 이런 말로 나를 당황시키고는 합니다.

"내가 언제 이렇게 해오라고 했나?"

정확한 이해 없이 일을 진행한 결과는 생각보다 감당하기 어렵습니다. 상사의 싸늘한 반응은 기본이고, 졸지에 무능한 사람으로 오해를 받게 되었으며, 야근을 불사해야 하는 상황에 처하게 될지도 모릅니다. '아… 귀찮더라도 물어보고 처리할 걸.'

이미 늦은 후회입니다. 늦었다고 생각할 때가 정말 늦은 때입니다. 시간은 시간대로 버리고, 상사의 신뢰는 이미 멀어지고 말았습니다.

상사에게는 수많은 '넵'을 달리 해석할 감성이 없습니다. 물어

보지 않는 이상 자세한 내막을 설명해 줄 여유도 없습니다. 따라서 수습은 오롯이 상사의 의도를 정확하게 파악해서 업무를 해야 하는 당사자의 몫입니다.

상사의 업무 지시를 제대로 파악하는 가장 좋은 방법은 업무 지시가 끝난 후, 패러프레이징[2] 하는 것입니다. 사람마다 생각이 다르기 때문에 내 지식과 경험 체계를 거쳐 해석한 내용을 다시 한번 확인하는 절차를 거치는 것이죠.

"팀장님, 이런 이유로 이렇게 하라고 하시는 말씀이 맞죠? A, B, C 내용이 포함돼야 하는 거고요?"

이때 상사가 '그래 맞아'라고 하면 그대로 진행하면 되고, '아니'라고 한다면 지적받은 부분을 바로잡으면 됩니다. 제대로 일을 시작할 수 있는 기틀을 마련하는 것이지요.

하지만, 업무 지시가 끝난 직후 상사가 말한 것을 전부 이해해서 다시 묻기란 쉬운 일이 아닙니다. 어느 정도 경험이 쌓여야 가능한 일이지요. 이때 활용할 수 있는 방법이 제로 드래프트입니다. 일단 상사의 지시를 빠짐없이 메모하고 돌아선 후, 자리로 돌아와서 정리한 내용을 다시 한번 상사에게 확인 받는 방법입니다. 한마디로 어떤 일을 추진하거나 계획을 세우기 전에 초안의 초안을 작성해서 업무를 지시한 상사와 커뮤니케이션을 하는 것입니다.

---

2 패러프레이징: 상대방이 말한 내용을 다시 한번 내 해석을 거쳐 내 입으로 되짚어 말하는 방법

First Draft(초안)가 아닌 Zero Draft(초안의 초안)를 작성하라

제로 드래프트는 『프로페셔널의 조건』이라는 책에서 피터 드러커가 주창한 개념입니다. 요즘 말로 번역하면 V1(버전1)이 아니라 V0(버전0)를 준비한다는 뜻입니다. 이렇게 작성한 내용을 1시간 정도(최대한 빠른 시간) 후에 상사에게 가져가서 확인 받고 일을 시작하면, 상사의 의도를 보다 정확하게 알고 일을 시작할 수 있습니다.

또한, 주어진 일을 차일피일 미루는 것이 아니라 일단 업무에 대한 첫발을 담그기 때문에 좀 더 쉽고 빠르게 업무를 추진할 수 있는 동력이 생깁니다. 문간에 발을 들여 놓는 순간 집안으로 들어가기가 보다 수월해진다는 '문간에 발 들여놓기 효과'가 발동되는 것입니다.

Zero Draft로 Foot in the door하라

그럼, 제로 드래프트는 어떻게 구성할 수 있을까요?
아쉽게도 정해진 표준은 없습니다. 회사 여건이나 사람마다 다를 수 있습니다. 보통 일의 목적 및 의도, 최종 결과물 형태, 구체적인 과제, 보고 일정 등을 기재합니다. 이를 좀 더 체계적으로 정리하기 위해 B.O.S.S로 설명해 보겠습니다.

구분	내용	예시
목적	업무 목적 및 배경, 일의 전체상	보고서는 우리 팀의 전략 보고서를 쓰기 위한 기초 조사 자료로, 경쟁사들의 동태를 분석하기 위함이다.
목표 및 산출물	업무를 완료했을 때의 모습, 완성물의 형태 또는 최종 보고서 등	경쟁사 A, B, C의 매출, 주요 아이템, 장단점, 벤치마킹 포인트가 정리된 10페이지 이내의 보고서
과제 및 범주	업무 수행 절차, 참고자료, 협조 부서	인터넷 조사, 전화 인터뷰, 통계자료 분석, 현장 조사, 보고서 초안 완성, 영업팀 자료 요청, 통계청 사이트
일정	업무의 마감 기한, 중간 점검일 등	1차 중간 보고, 수정 사항 반영, 최종 보고

Background
Objective
Scope
Schedule

박 사원 그거 있지? 왜 그거 말이야. 알아서 좀 해봐.

팀장님, 이렇게 하라는 말씀이시죠?

막 던지는 김 팀장

제로 드래프트하는 박 사원

정해진 방식은 없지만, 제로 드래프트의 핵심은 목적, 최종 결과물, 일정이 아닌 '합의'에 있습니다. 정해진 업무에 대해서 상호 합의하는 절차로의 의미가 더 중요하다고 할 수 있습니다. 물론 이렇게 되묻는 분들도 있을 겁니다.

"리더가 저렇게 업무를 지시해야 하는 거 아닙니까? 상사가 업무 지시를 똑바로 해야죠."

물론 맞는 말입니다. 상사가 더 잘못했네요. 반박할 만한 답도 없습니다. 하지만 상사들은 이미 조직의 타성에 젖은 사람들로서 밑에서 알아서 해주길 바라는 사람입니다. 그리고 믿기지 않겠지만, 보이는 것과는 다르게 생각보다 바쁜 사람들이기도 합니다. 그 자리에 오르지 못하면 알 수 없는 상사들만의 세계가 있고 그들만의 고민이 있습니다.

상사가 친절하고 구체적으로 업무 지시를 내려주면 좋겠지만, 그건 감나무 아래서 감이 떨어지길 기다리는 것보다 어리석은 짓일지도 모릅니다. 차라리 선제적으로 움직이는 것이 상사를 위해서도 나를 위해서도 좋은 방법입니다. 심적으로는 조금 불편해도 주도적이고 능동적으로 일하는 데 도움이 되고, 결국 나의 업무 성장판이 되어줄 것입니다.

1도 이론이라는 말이 있습니다. 포병이 대포를 쏠 때, 대포에서 1도가 빗나가면 포탄이 목표 지점에서 1km 빗겨난 곳에 떨어진다는 이론입니다. 그만큼 시작점이 중요하다는 뜻입니다. 초안의 초안을 생각하며 First DRAFT가 아닌 Zero DRAFT로 업무에서의 1도를 지켜내야 합니다.

아마추어는 일이 주어지면 즉시 시작하지만, 프로는 일을 시작하기 전에 제로 드래프트를 작성합니다. 상사가 지시한 내용을 자신의 머리로 정리하되, 이렇게 하는 것이 여의치 않다면? 최소한 '넵'만 하고 돌아선 뒤 이해되지 않은 내용에 대해서 혼자 고민하는 행동만은 지양해야 하겠습니다.

✳ 신입사원에게 필요한 MSG 1

직장인의 '넵' 병 이렇게 고쳐보는 것은 어떨까?

사람들이 재미 삼아 '넵' 병이라고 부르기는 하지만, 병이라고 이름 붙인 것에는 나름 부정적인 의미가 포함되어 있다고 생각합니다.

물론, '넵'이라고 말할 수밖에 없는 보수적인 환경이나 경직된 조직문화는 개선되어야 하겠지만, 그걸 탓하기 전에 우선 스스로 방법을 찾아보는 것은 어떨까요?

그러기 위해서는 먼저 "넵"이라고 답하는 이유에 대해서 알아볼 필요가 있습니다. 개인적으로는 세 가지 이유 때문이라고 생각합니다.

검색에 능한 환경

상사가 말해주지 않아도 모든 정보가 인터넷에 있다고 생각하기 때문입니다. 물론 인터넷에 많은 정보가 있는 것은 사실입니다. 하지만, 그 어떤 사이트도 상사의 의도나 조직의 내부 사정까지 알려주지는 않습니다. 이는 어디까지나 질문을 통해서만 확인이 가능한 부분이지요. 또한, 눈에 보이지 않는 귀중한 정보는 사람이 가지고 있는 경우가 많습니다.

자존심

상사의 업무 지시를 받는 순간 "잘 모르겠습니다. 다시 말씀해 주시겠습니까?"라고 물으면 머리가 나쁘거나 일을 못한다는 낙인이 찍힐까 봐 두려움이 앞서기 때문입니다. 그래서 일단 '넵' 하고 돌아서는 것은 아닌지 모르겠습니다.

하지만, 모르는 건 자존심이 상하는 일이 아닙니다. 모르는 걸 모른다고 말하지 않는 것이 자존심이 상하는 행동입니다. 모르는 걸 모른다고 말하는 것이 용기이고, 그걸 통해 하나하나 알아갈 수 있는 계기를 만들 수 있습니다.

기분 탓

상사와 더 이상 말을 섞고 싶지 않기 때문입니다. 100% 공감하는 부분입니다. 생각해 보니 저 또한 그랬던 것 같네요. 하지만 시간이 지나며 깨달은 한 가지는 상사를 적으로 돌려서 좋을 것은 없다는 사실이었습니다. 상사가 늘 지원군이 되어주진 않지만, 적은 언제라도 될 수 있다는 사실을 뼈저리게 느낀 순간이 많았습니다.

무조건적으로 상사를 밀어내거나 부정적으로 여기기보다는, 업무 조력자나 멘토라고 생각해 보는 것은 어떨까요? 물론 세상 어려운 일이지만, 마음먹기에 따라서 괴롭기만 한 상사, 어렵고 불편한 상사가 조금은 친근하게 느껴질지도 모릅니다.

> **"**
>
> 그 자리에 오르지 못하면 알 수 없는 상사들만의
>
> 세계가 있고 그들만의 고민이 있습니다.
>
> **"**

상사의 '알아서'
융단폭격을 피하는 방법

상사의 '알아서'에 '알아서' 대처해 보자

상사가 하는 말 중에 '알아서 좀 해라'가 있습니다. 사실 이 말 만큼 무책임한 말도 없거니와, 그 의미 또한 전라도의 '거시기' 만큼이나 다양합니다. 도대체 뭘 알아서 하라고 하는지 모르겠습니다.

구체적으로 명확하게 알려주면 가장 좋겠지만, 세상에는 그렇게 친절한 상사가 많지 않습니다. 그들은 오늘도 여기저기서 '알아서'를 남발합니다. 사실 본인 스스로 정확하게 '알아서'의 의미를 알고 말하는 것 같지도 않아 보입니다.

저도 한때 '알아서'라는 말 때문에 많이 헤맸고, 일하는 데 애를 먹기도 했습니다. 하지만 시간이 지나고 경험이 쌓이면서 어느 정도 그 의미를 파악하게 되었습니다. 나아가 상사가 '알아서'라고 말하는 이유와 그 의미만 알아도 일을 잘할 수 있겠구나라는 생각까지 하게 되었지요.

상사는 도대체 왜, 뭘, 어떻게 '알아서' 하라고 하는 것일까요? 지금부터 '알아서'의 의미에 대해서 함께 알아보도록 하겠습니다.

알아서의 첫 번째 의미

'알아서'에 담겨 있는 첫 번째 의미는 '미리미리'입니다. 좀 더 고급지게 표현하자면, '선제적으로 대응해라'라는 것입니다. 상사는 본인이 어떤 일을 지시하거나 확인하기 전에 선제적으로 대응하길 바란다는 의미로 '알아서'라고 말하는 것입니다.

여러분도 한번 생각해 보시기 바랍니다. 미팅에 늦어서 헐레벌떡 뛰어가는데 갈증도 나고, 막상 도착하니 잠까지 쏟아집니다. 시원한 아이스 아메리카노 한잔 마시면 좋겠다는 생각이 드는 찰나, 상대방이 아이스 아메리카노를 들고 나타납니다. 이때 이 기분, 그 기분 그대로 상사에게 전해주는 것이 상사의 '알아서'에 대처하는 첫 번째 방법입니다.

이때 필요한 사고가 바로 프로세스 사고입니다. 이러한 사고는 일의 시작부터 끝까지를 머릿속에 정리하고 있어야 가능합니다. 좀 더 구체적으로 프로세스 사고를 한다는 것에는 세 가지 의미가 담겨 있습니다.

첫째, 일의 순서를 알고
둘째, 일의 최종 아웃풋을 알며
셋째, 일의 전체상을 알고 있다는 뜻입니다.

일의 진행 순서뿐만이 아니라, 최종 아웃풋을 머릿속에 그리며 주변의 일들과 어떤 관련성을 가지고 진행되고 있는지 일 전체의 상까지 알고 일하는 것이 프로세스의 완성입니다.

영화 《악마는 프라다를 입는다》를 보면 꽤 인상적인 장면이 나옵니다.

"해리포터 미출간본 원고를 구해와라."

지독한 상사가 주인공에게 이런 일을 지시합니다. 상사의 쌍둥이 딸들이 해리포터 광팬이었기 때문이죠. 사실 말도 안 되는 일이지만 영화 속 내용이기도 하고, 스토리의 극적인 전개상 주인공은 어찌어찌하여 원고를 구해서 상사에게 가져갑니다. 아니 정확하게는 빈손으로 갑니다. 도대체 무슨 깡으로 이러는 것일까요? 상사가 묻습니다.

"내가 구해오라는 원고는 어디 있지?"

주인공은 어깨에 자신감을 뿜뿜하며 의기양양하게 답변합니다.

"쌍둥이들이 외할머니댁에 가는 기차 안에서 읽고 있습니다."

여기다 대고 더 이상 트집잡을 상사는 없습니다. 일의 종착지까지 예상하여 한 스텝 더 나간 일처리를 해낸 직원에게 뭐라고 할 상사가 있을까요? 칭찬 한 바가지도 모자랄 판에 핀잔을 준다면 그야말로 자격 미달 리더인 셈입니다.

다음 순서를 예측하고 선제적으로 행동하는 것, 최종 아웃풋을 머릿속에 그리고 일하는 것, 일을 둘러싼 주변과의 관계 속에서 내가 하는 일의 의미와 결과의 영향력까지 예측하면서 일하는 것이 첫 번째 '알아서'의 의미였습니다.

알아서의 두 번째 의미

두 번째는 내가 고민할 시간이 부족하니, 결정 좀 대신 해달라는 의미의 '알아서'입니다. 물론 내가 결정한 사항에 대해 상사가 이런저런 말도 안 되는 이유를 덧붙여 소위 까는(?) 경우도 있습니다. 하지만 부하 직원으로서의 도리는 결과와 상관없이 지시 사항에 대해 나의 생각을 정리해서 보고하는 것입니다.

때때로 상사가 지시한 사안에 대해서 보고를 진행할 때, 결론이나 의견 없이 정보나 현황만 잔뜩 늘어놓는 경우가 있습니다. 특히 기획서나 제안서 작업에서 이런 특징이 두드러집니다. 정보나 현황, 분석 결과는 있는데 어떻게 하겠다는 알맹이가 빠져 있습니다. 이때 상사가 건넬 수 있는 말은 얼마 없습니다.

"그래서 하고 싶은 말이 뭐야?", "결론이 뭐야?", "어쩌겠다는 거야?"

무언가를 보고하는 상황에서는 내 생각과 결론이 명확해야 합니다. 사안에 대해서 나의 관점과 스탠스를 정해서 보고해야 합니다. 이때 대안을 두세 가지로 정리해서 가면 유리합니다. 여러 가지 대안을 제시해서 최종 선택권을 상사에게 넘겨주는 겁니다.

대신 여러 가지 대안 중에 '내 생각은 이것이다'라고 결정한 뒤 보고해야 합니다. '밥상을 차렸으니 알아서 먹어라'가 아니라, 두 가지 반찬이 있는데 '저는 이게 더 맛있다고 생각한다'고 알려줘야 합니다.

"본 사안에 대해서 두 가지 경우를 생각해 봤습니다. A의 경우 이런 장점과 단점이 있고, B의 경우 이런 장점과 단점이 있는데, 저는 A로 추진하는 것이 좋다고 생각합니다."

물론 내가 결정한 대안이 선택받지 못할 수 있습니다. 하지만, 여러 가지 대안을 고민하고 내 생각을 결정해 보고하는 능력을 보여주는 것만으로도 충분히 일처리를 잘했다고 인정받을 수 있습니다.

식사하러 갈 때 오늘은 '청국장'이라고 일방적으로 외치는 상사나 중국집에 가서 직원들 의견을 물어보지도 않고 탕수육을 시키는 사람보다 "유린기 먹을래? 탕수육 먹을래?"라고 물어보는 상사가 조금은 낫지 않던가요?

물론 상사와 먹는 밥이라면, 다금바리를 먹어도 주금바리에 가까운 맛이겠지만 어쨌든 선택권을 남겨두는 상사가 좀 더 낫지 않았을까 생각해 봅니다.

이처럼 보고를 할 때 두 가지 이상의 대안을 제시하고 상사에게 선택권을 넘겨주는 방식으로 상사의 두 번째 '알아서'에 현명하게 대처할 수 있습니다.

알아서의 세 번째 의미

세 번째 '알아서'는 '시키지 않아도'라는 의미입니다. 사실 이 마지막 알아서가 가장 어렵습니다. '도대체 시키지 않은 일을 왜 해야 하는지도 모르겠고, 지금 하는 일도 많은데 뭘 또 해야 하지?'라는 고민에 봉착할 수 있습니다. 하지만 '일 잘한다'는 소리를 듣고 싶고, 좀 더 인정받고 싶다면 시키지 않은 일을 찾아서 하는 것도 필요합니다.

여기서 시키지 않은 일은 커피를 타거나, 회의실 청소를 하는 것이 아닙니다. '내 일을 좀 더 잘할 수 없을까?', '지금의 제도나 방식을 개선할 수 없을까?', '새로운 일이나 다른 방법은 없을까?'를 고민하는 것입니다. 한마디로 '문제의식'을 키워서 그 문제의식을 나만의 아이디어로 연결시키는 것을 의미합니다.

관련해서 요식업계의 왕이라 불리는 백종원 씨의 사례 하나를 소개하겠습니다. 보통 고깃집이나 쌈밥집에 가면 스테인리스 그릇이나 바구니 같은 곳에 쌈이 담겨 나옵니다. 하지만, 작은 공간에 쌈을 담다 보니 먹는 사람들이 손으로 뒤적거리게 되어 신선도에 문제가 생기고, 사람들이 쌈을 남기게 되었다고 합니다. 게다가 배추, 상추, 양배추, 깻잎 등 사람들이 선호하는 순서대로 쌈을 담는 일 역시 보통 까다로운 일이 아니었다고 하네요.

이처럼 쌈을 담는 방식과 그릇에 문제의식을 품은 백종원 씨는 고민 끝에 기다란 쌈채반을 활용하는 방법을 제안합니다. 채반이 길어지니 담는 사람도 편하고, 먹는 사람도 좋습니다. 물론 식탁에서 공간을 더 많이 차지하는 불편함은 있지만, 기존의 방식에 문제를 제기하고 새로운 방식을 제시할 수 있는 능력이 돋보였다고 할 수 있습니다. 저는 이런 능력이 마지막 '알아서'를 의미한다고 생각합니다.

첫 장을 여는 문구로 아인슈타인의 명언 "똑같은 일을 반복하면서 다른 결과를 기대하는 것은 미친 짓이다."라고 썼던 것을 기억하시나요?

매번 하던 대로, 시키는 대로 일을 하는 사람에게 새로움을 기대하기는 힘듭니다. 반면 '왜 저렇게 하지?', '좀 더 나은 방식은 없을까?'라며 기존 방식에 문제의식을 가지고 접근하면 새로운 방법이 보이고, 새로운 기회를 만들어 낼 수 있습니다. 이것이 상사들이 직원들에게 바라는 가장 크고, 가장 어렵지만, 가장 절실한 '알아서'의 의미라고 생각합니다.

물론 알아서 한다는 것은 정말 힘든 일입니다. 저 역시 세상에 '말하지 않아도 알아요'는 '초코파이' 하나면 충분하다고 생각합니다. 상사의 '알아서'를 제대로 해석하기 위해서는 지식과 경험이 필요하고, 팀이나 회사가 돌아가는 흐름을 잘 알고 있어야 합니다.

많은 일을 하는 것 같지도 않으면서, 나보고 알아서 해오라고 하는 상사가 원망스러울 수도 있습니다. 하지만 '알아서'의 의미를 알고 일하는 능력은 결코 상사의 비위를 맞추기 위한 처세술이 아닙니다. 스스로 일을 잘하는 방법을 고민하고, 일 잘하는 사람이 될 수 있게 만들어 주는 가장 강력한 무기입니다.

"

무언가를 보고하는 상황에서는
내 생각과 결론이 명확해야 합니다.

"

작은 회 한 점이
먹기에도 좋다

미친 실행력의 비밀

나이아가라 폭포는 세계 최대 규모의 폭포 중 하나로 매년 수많은 관광객이 찾아오는 명소입니다. 이 폭포 인근에는 또 하나의 볼거리가 있는데, 캐나다와 미국을 잇는 레인보우 브릿지입니다. 이 다리는 버스도 지나갈 수 있을 만큼 튼튼하며, 길이는 무려 244m에 이릅니다. 다리 아래는 거센 물결이 흘러가는 험한 협곡을 이루고 있습니다. 예전에 이 다리를 한 번 본 적이 있는데, 자연스레 이런 생각이 들었습니다.

'이 험한 협곡에 누가 244m나 되는 다리를 만들 생각을 했을까?'

자료를 찾아보니, 그 시작이 대단한 것은 아니었다는 사실을 알 수 있었습니다.

1847년 다리 설계시공 전문가인 찰스 엘렛 주니어는 우선 연을 띄워 연줄로 다리 양쪽을 연결했습니다. 그 다음 이 연줄에 코일을 매달고, 다음에는 약간 더 강한 철사를, 그 다음에는 밧줄을 매달아 당겼습니다. 마지막으로 밧줄에 쇠로 만든 케이블을 매달아 잡아당긴 후, 이렇게 만들어진 쇠줄을 이용해 구름다리를 놓기 시작하여 지금의 레인보우 브릿지를 완성했다고 합니다. 따지고 보면 사실 대단한 기술력이나 장비가 동원된 일은 아니었습니다. 단지 생각을 실행에 옮기고자 한 강한 실행력이 만들어낸 산물이었던 것이죠.

험한 협곡 위에 건설된 웅장한 다리도 결국 연을 띄어 줄을 연결한 작은 일 하나에서 시작되었듯이, 기획이나 구상보다 우선 실행하는 것이 중요함을 새삼 깨닫게 되었습니다.

실행력이 곧 경쟁력인 시대입니다. 아이디어나 계획도 중요하지만, 위대한 성취는 실행이 있었기에 가능했습니다. 현재 전 세계 숙박 업계를 주름잡고 있는 에어비엔비도 결국 '아파트에 남는 방 하나 빌려주자'라는 작은 실행에서 시작되었습니다. 새벽 배송의 대표 주자 마켓 컬리도 '퇴근하고 장 볼 시간 없는데, 새벽에 배송 한번 해보자'라는 빠른 실행을 기반으로 시작되어 창업 5년 만에 매출 1조 신화를 눈앞에 두고 있습니다. 결국 실행하는 힘이야말로 성과를 내고 기회를 만들 수 있는 가장 효과적인 수단이라고 할 수 있습니다.

그렇다면 실행력을 높일 수 있는 방법은 뭐가 있을까요? 소위 '미친 실행력'을 만들어 낼 수 있는 세 가지 방법을 소개합니다.

잘게 쪼개서 관리하고 실행한다

본격적인 설명에 앞서 수산시장 이야기를 해보고자 합니다. 바닷가나 수산시장에는 싱싱한 활어를 선택해서 먹을 수 있는 즐거움이 있습니다. 그래서일까요? 늘 사람들로 북적거리고 활력이 넘칩니다. 그 활력만큼이나 수조에는 기운 넘치는 생선들이 가득합니다. 하지만 어딘지 모르게 먹고 싶다는 생각은 들지 않습니다. 조금 다르게 말하면 '할 수 있겠다'라는 생각이 들지 않는 것입니다.

하지만 이 생선을 잘게 쪼개서 한 점의 회로 바꾸면, 비로소 소주 한잔이 생각나면서 '먹고 싶다, 맛있겠다'라는 생각이 들게 됩니다. 바꿔 말하면 '할 수 있겠다'라는 생각이 드는 것이죠.

이러한 원리는 우리가 회사에서 마주하는 업무에도 고스란히 적용됩니다. 마케팅 기획안, 행사 진행, 시스템 개선, 홈페이지 리뉴얼, 프로젝트 계획 수립, 제안서 작성 등. 우리가 마주하는 업무는 수십, 수백 가지로 다양하지만 공통적인 특징 하나가 있습니다. 하기도 싫고, 시작하려고 해도 일이 엄두가 나지 않는다는 사실입니다. 할 수 있겠다는 생각보다 피하고 싶고, 거부하고 싶은 마음이 먼저 드는 게 사실입니다. 왜 그럴까요?

모호하고 큰 덩어리와 같은 업무를 마주하며 부담과 저항감을 느끼기 때문입니다. 위 사진처럼 큰 생선을 보는 느낌과 같은 원리가 발동하는 것입니다. '할 수 있을까?', '부담스럽네'라는 생각이 머릿속에 자리잡고, 이는 실행을 가로막는 걸림돌이 됩니다.

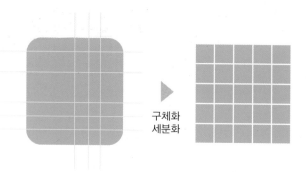

구체화
세분화

하지만 이 업무들을 잘게 쪼개서 구체화하면 일에 대한 저항감을 조금 줄임과 동시에 실행을 위한 발판을 마련할 수 있습니다. 작은 일에 좀 더 쉽게 움직이는 것이 사람의 습성이기 때문입니다. 이것이 바로 세분화, 구체화가 가진 힘이자 미친 실행력을 만들어 내는 가장 큰 원동력입니다.

WBS(Work Breakdown Structure)로 세분화, 구체화한다.
WBS의 핵심 = 세분화, 구체화

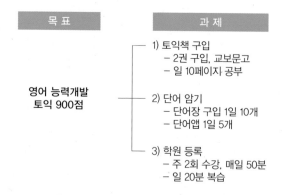

목 표	과 제
영어 능력개발 **토익 900점**	1) 토익책 구입 　– 2권 구입, 교보문고 　– 일 10페이지 공부 2) 단어 암기 　– 단어장 구입 1일 10개 　– 단어앱 1일 5개 3) 학원 등록 　– 주 2회 수강, 매일 50분 　– 일 20분 복습

이처럼, 목표나 과제를 잘게 나누는 기술을 전문 용어로 WBS (Work Breakdown Structure)라고 합니다. 왼쪽의 외국어 능력 개발과 같은 큰 덩어리의 업무는 엄두가 나질 않지만, 오른쪽과 같이 세분화, 구체화된 업무는 좀 더 쉽게 할 수 있다는 생각이 듭니다.

외국어 능력 개발은 모호하고 저항감이 크게 느껴지지만, 토익 책 구입이나 하루 10페이지 공부하기는 비교적 쉽고 간단하게 느껴집니다. 빠른 실행으로 이어지는 추진력을 얻을 수 있게 되는 거지요.

미루지 않기 위해서는 목표를 잘게 나누어서 나의 행동과 그 행동에 따른 결과가 나에게 효용을 가져다 주는 시간을 짧게 해라.

- 『결심의 재발견』 저자, 피어스 스틸

스몰 석세스를 추진 동력으로

업무를 잘게 나누고, 스텝 바이 스텝으로 성공시켜 가다 보면 작은 성공에 만족감을 느끼게 됩니다. 이 만족감은 다음 스텝으로 나갈 수 있는 동력이 되고, 동기가 됩니다. 처음부터 100%를 목표로 하는 것보다 10% 완성, 50% 완성, 60% 완성

등으로 나누어 관리하면 일의 속도도 높이고, 끝까지 할 수 있다는 열정을 일으키게 되는 것입니다.

이것이 바로 '작은 성공은 또 다른 성공을 불러온다'는 의미의 '스몰 석세스'입니다. 아무리 하기 싫은 일도 작은 성공을 맛보면 하나의 동기가 되고, 같은 사이클이 반복되면 일이 빠르게 진행되는 경험을 할 수 있습니다. 실행력도 자연스레 높아지게 됩니다.

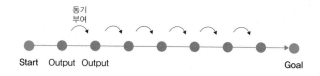

명절이나 여행을 갈 때, 먼 길을 가야 한다면 이 원리를 적용해 보시기 바랍니다. 100km를 간다고 생각하면 막막하고 쉽게 발걸음이 떨어지지 않지만, 50km를 두 번 간다고 생각하면 조금 마음이 편해집니다. 좀 더 작게 10km×10번으로 나누고, 또 다시 1km만 가보자고 생각해 보시기 바랍니다. 먼 길이 조금은 덜 지루하게 느껴질 것입니다.

작은 성공 뒤에 나에게 주는 보상까지 더해진다면 금상첨화입니다. 잠깐의 휴식도 좋고, 달콤한 초콜릿이나 커피 한 잔의 여유, 게임 한 판도 좋습니다. 스스로에게 하는 칭찬도 좋겠죠.

'10% 완료했네, 수고했어.'
'절반은 했네, 좀 더 해보자.'

일단 발을 담그고 본다

흔히 어떤 일을 하던 와중에 새로운 업무 지시를 받으면 하던 일을 먼저하고, 새로운 일은 미뤄두게 됩니다. 바로 이 지점부터 비극이 시작되는 경우가 많습니다. 새로운 일을 시작할 때 강한 저항이 생겨서 시작하기가 어려워지는 것입니다. 0부터 시작해서 끌어올리려고 하니 몸도 마음도 쉽게 움직여지지 않습니다.

이때, 이런 저항을 최소화할 수 있는 방법은 업무 지시를 받는 순간 상사의 업무 지시, 내가 할 일, 관련된 생각 등을 간단한 메모로 정리해 놓는 것입니다. 생각이 가장 싱싱할 때를 놓치지 않고 기록하는 거죠. 이렇게 하면 일의 시작점이 0%가 아니라 10%가 되어, 나중에 미뤄둔 일을 다시 시작할 때 저항은 줄어들고 강한 실행력으로 연결될 것입니다.

한 가지 더 추천하는 방법은, 퇴근 전에 내일 할 일을 정리해서 기록해 놓고 퇴근하기입니다. 물론 내일 할 일은 내일 생각하는 게 당장은 편해 보입니다. 하지만 다음 날, 출근할 때 기분을 생각해 보시기 바랍니다. 뭔가 머릿속이 복잡하고 속이 꽉 막히고, 출근하기 싫다는 생각이 들지 않나요? 그 이유 중 하나는 오늘 내가 할 일이 머릿속에 꽉 차기 때문입니다. 정리가 안된 생각이 머릿속을 지배하니 출근하기 싫어지는 것입니다.

하루 전날 해야 할 일을 리스트업해서 책상에 정리해 놓으면 상대적으로 머릿속의 복잡함이 줄어듭니다. 내가 할 일이 책상 위에 있기 때문에 그 전까지는 일 생각을 줄일 수 있죠. 출근하는 발걸음이 조금이나마 가벼워지는 좋은 방법이니 꼭 활용해 보기 바랍니다.

사람들이 자주 하는 실수 중 하나는 '중요한 일은 시간 나면 한다'라고 생각하는 것입니다. 하지만, 다들 잘 알고 있을 거라고 생각합니다. 회사에는 밀리고 밀리는 일만 있을 뿐, 그 중요한 일을 할 수 있는 시간은 결코 오지 않는다는 사실을 말입니다. 혹시 지금 뭔가를 실행해야 하는데 '할까? 말까?'를 망설이고 있다면, 머릿속에 '할까?'가 아니라 '하자!'라는 느낌표를 띄우고 일단 시도하시기 바랍니다. 고민할 시간에 그 중요한 일을 쪼개고 쪼개서 당장 빠르게 실행에 옮긴 뒤, 작은 보상을 통해 동기를 부여하고, 일의 시작점을 0이 아닌 10으로 맞춰 놓는 방법을 적용해 보는 것이죠.

실행력 갑까지는 아니더라도 상사에게 '이 친구, 실행력 하나는 믿을 만하네'라는 인식을 심어줄 수 있을 것입니다. 조금 더

쉽게 목표를 향해 정진하는 새로운 내 모습을 발견할 수 있을
지도 모릅니다.

상사의 택배를
기다리게 하지는 말자

중간 보고는 안전벨트이자 생명벨트다

얼마 전 급하게 제주도 가족여행을 다녀온 일이 있습니다. 바쁘다는 핑계로 오랫동안 미뤄온 가족여행이었습니다. 들뜬 마음에 이것저것 짐을 챙기다 보니 5박 6일 짐이 생각보다 많았습니다. 기존 캐리어로는 감당이 되지 않았기에 큰 마음먹고 여행용 캐리어 하나를 주문했습니다. 캐리어 주문까지 포함하여 모든 여행 준비를 마치고 행복한 마음으로 잠자리에 들었습니다.

그렇게 하루, 이틀, 사흘이 지나고 여행 갈 날이 코앞으로 다가왔는데 택배가 도착하지 않습니다. 급한 마음에 쇼핑몰 사이트에 들어가 보니 아직도 '발송 중'이라고만 되어 있습니다.

'이런 제장'

판매처는 전화 연결도 안 되고, 반품은 물건을 받아야만 가능하다고 하니 미치고 환장할 노릇입니다. 여행 기분을 망치기 싫어서 좋게 넘어가기는 했지만, 결국 백화점에서 급하게 비싼 돈을 주고 캐리어를 구매하는 최악의 상황을 겪어야만 했습니다.

혹시 여러분들이라면 이 상황에서 어떤 기분이 들 것 같나요? 성인군자가 아닌 이상, 많은 사람들이 저와 비슷한 마음이 들지 않을까 조심스레 추측해봅니다.

제가 겪었던 택배 문제와 비슷한 일들은 지금 이 순간 직장에서도 비일비재하게 벌어지고 있습니다. 직장에서 주로 일을 시키는 사람은 팀장, 상사, 사수 등인데, 그들은 보통 일을 시키고 마지막에 이렇게 묻는 습성을 가지고 있습니다.

"언제까지 되겠어?"

이렇게 묻는 분들은 그나마 양반입니다. 적어도 나의 의견을 듣고자 하니까요. 하지만 대부분은 이렇게 말합니다.

"다음 주 월요일까지 부탁해."
"내일 오후 2시까지 마무리해."

이들이 업무 마감일을 정해 주는 것에 악한 의도가 있지는 않습니다. 업무마다 나름의 기일이 있고, 일정에 맞춰서 다음 프로세스로 나가기 위함입니다. 마치 공장의 컨베이어 벨트가 순서에 맞춰 착착 돌아가듯이 일정에 맞춰 일을 진행하기 위해 기한을 지정하는 것입니다.

앞서 언급했듯이 직장에서의 일은 공장의 컨베이어 벨트와 비슷합니다. 물건이 아니라 일을 양산하는 것일 뿐, 정해진 순서에 따라 진행되는 것은 매한가지입니다. 앞사람이 자동차 프레임을 만들면, 뒷사람이 문을 달고, 그 다음 사람이 창문을 끼고, 바퀴를 다는 순서로 진행됩니다. 프레임이 없는데 바퀴를 끼거나, 문도 없는데 창문을 달 수는 없는 노릇입니다.

이처럼 개인이 직장에서 하는 일은 업무의 완성보다는 하나의 단계인 경우가 많습니다. 내가 완수한 일의 아웃풋이 다른 누군가의 인풋이 됩니다. 본인은 내가 할 일만 생각하고 일을 할지 몰라도, 누군가는 그 일이 있어야 다음 업무를 진행할 수 있습니다.

그래서 도입부에 예로 든 것처럼, 나에게 일을 시킨 사람의 입장은 택배를 주문하고 기다리는 사람의 마음과 같습니다. '언제쯤 될까?', '지금은 어느 정도 되었을까?', '좀 더 빨리 해오면 좋겠는데'라는 생각이 머리 한 켠에 자리하게 됩니다.

이때 혼자서 일을 진행하느라 중간 보고를 생략하게 되면 일을 시킨 사람 입장에서는 답답함이 철철 넘치게 됩니다. 오래 전에 시킨 택배가 여전히 '발송 중'이나 옥무다[3]에 갇혀서 움직이지 않을 때의 심정보다 10배 괴롭다고 생각하면 됩니다.

택배 업무의 기본은 배송 상황을 접수완료 → 옥천간선상차 → 용인기흥물류 도착 → 4시간 내로 배송 예정 등 정확한 진행 상황을 알려주는 것입니다. 마찬가지로 상사에게 내가 하는 일의 업무 진척도를 중간중간 보고하는 것은 선택이 아닌 필수라고 할 수 있습니다.

물론 가급적 상사와 마주치는 횟수를 줄이는 것이 나의 행복지수를 높이는 방법입니다. 하지만, 상사가 묻기 전에 선제적으로 중간 보고를 하는 것이야말로 그 횟수를 줄이는 가장 효과적인 방법이라 할 수 있습니다. 일을 다 끝내고 난 뒤에 '누가 이렇게 하라고 했어?'라며 급발진해오는 상사의 화를 막을 수

---

3 옥무다: 대한민국 택배물류 이동 관련 은어로, 운송되던 화물이 옥천 HUB에 들러 빠져나오지 못하는 경우 해당 지역을 이르는 말로, '옥천+버뮤다 삼각지대'의 합성어로 쓰임

있는 가장 확실한 안전장치이지요.

하지만, 무턱대고 하는 중간 보고는 아니한 것만 못합니다. 좀 더 효과적인 방법을 세 가지로 소개합니다.

첫째, 건건이 보고하는 게 아니라 정리해서 보고한다.

한마디로 '케바케'로 하는 게 아니라 '케밥'으로 뭉쳐서 해야 합니다. 건건이 보고하는 것만큼 무능하게 보이는 방법도 없습니다. 보고할 것이 생길 때마다, 궁금한 게 있을 때마다 쪼르르 상사에게 달려가서 보고한다면 상사 입장에서는 시간을 뺏기기도 하고, 정리가 안 된 보고에 짜증이 날 수도 있습니다. 한 번에 정리해서 보고하는 것이 더 좋습니다.

"팀장님. 브로셔 제작 건으로 세 가지 보고드릴 사항이 있습니다. 첫째, 둘째, 셋째는 ~에 관한 내용입니다."

둘째, 상사에게 의견을 묻지 말고 나의 생각(결론)을 말한 후에 의견을 구한다.

위로 갈수록 게을러지고, 밑에서 알아서 해주기 바라는 상사의 심리를 이용해야 합니다. 적극적으로 나의 주장은 하되, 선택권만 상사에게 살포시 넘기는 방법입니다.

"둘 중에 뭘로 할까요?"

→ "A로 진행하려고 합니다. 괜찮을까요?"

셋째, 한 개의 대안을 말하는 것보다 두세 가지의 대안을 함께 말한다.

아무리 게을러도, 책임지는 위치에 있는 상사는 선택을 하고 싶어 합니다. 자신의 의견을 투영하고 싶은 심리가 발동하게 되어 있습니다. 이런 상사를 위해 대안은 두세 가지로 준비하고, 그중에 '내 생각은 뭐가 좋다'라는 식으로 보고하면 됩니다.

"A와 B가 있는데, 제 생각은 A가 어떨까 합니다. 왜냐하면…"

위와 같이 말하면서 A를 선택한 이유와 근거, 장점 등을 설명하는 방식입니다. 이를 종합하여 중간 보고를 한다면 아래와 같은 방법이 될 것입니다.

"팀장님, 이번 신제품 개발에 기초자료로 활용할 소비자 조사 결과 보고서를 쓰라고 지시하셨습니다. 설문 조사와 FGI 인터뷰, 블라인드 테스트를 생각해 봤는데 저는 좀 더 정확한 결과와 데이터 구축을 위해 블라인드 테스트를 진행하는 것이 좋다고 생각합니다. 블라인드 테스트 진행 계획으로 정리해서 보고드려도 될까요?"

대한민국 택배 시스템은 날이 갈수록 정교화, 고도화되고 있습니다. 배송 기간은 짧아지고 시스템은 정교화되면서 몇 시 몇 분에 물건이 어디에 있는지 스마트폰 터치 한 번으로 확인 가능합니다. 덕분에 물건을 주문하는 사람은 필요한 시점에 맞춰서 상품을 주문하고, 믿고 안심하며 택배를 기다릴 수 있습니다.

같은 마음으로 상사가 주문한 일에 대해 나의 택배 시스템을 보다 정교하게 구축해 보는 것은 어떨까요? 생각보다 어렵지 않습니다. 최종 보고나 완료 이전에 두 번 정도 중간 보고를 하면 됩니다. 퇴근길이나 티타임 때 가볍게 한 번, 위에서 말한 방식을 써서 공식적으로 한 번이면 충분합니다.

물론, 상사가 나에게 물건을 더 많이 주문하는 부작용이 발생할 수도 있지만, 그 만큼 나의 가치는 올라가고 나에 대한 신뢰도가 쌓였다는 뜻이니 긍정적으로 받아들이시면 됩니다.

✺ 신입사원에게 필요한 MSG 2

기대치 배반 효과를 노려보자

만족도라는 개념을 정확하게 수치로 표현할 수는 없지만, 만족도를 결정하는 두 가지 변수만은 확실해 보입니다.

$$만족도 f(x) = 실제 결과/기대치$$

만족도는 기대한 바 대비 실제 결과의 함수로, 실제 결과를 기대치로 나눈 값으로 결정됩니다. 만족도를 높이기 위해서는 두 가지 방법이 있습니다. 분자에 있는 실제 결과 값을 높이거나, 아니면 분모에 있는 기대치를 낮추는 방법입니다.

물론 실제 결과를 높이는 방법이 가장 효과적이지만, 세상 일이 그렇게 호락호락하지 않습니다. 이때 써볼 수 있는 꼼수가 바로 '상대방의 기대치를 낮추는 전략'입니다. 실제 결과는 똑같다고 하더라도 기대치를 낮추는 방법으로 상대방의 만족도를 높이는 방식입니다.

이런 전략은 최근 배달음식 앱에서 많이 사용하는 방법이기도 합니다. 배가 고픈 어느 저녁 어김없이 배달 앱을 열고 주문을 하니, 곧바로 이런 메시지가 날아듭니다.

'주문이 접수되었습니다. 배달까지 약 52분 소요됩니다.'

하지만 실제 음식이 도착하는 데 걸리는 시간은 38분입니다. 당연히 만족도가 올라갈 수 밖에 없지 않을까요? 만약 앱에서 도착 예정 시간은 35분이라고 해놓고, 실제로는 38분에 도착했다면 내 기분은 어떻게 될까요? 기분은 둘째치고 그 배달음식 업체에 당장 전화를 해서 큰소리를 내거나, 리뷰 평점을 3점이나 2점으로 체크하지 않을까요?

똑같은 38분이라도 상대방의 기대치가 52분이냐 35분이냐에 따라 만족도는 극명하게 달라집니다. 이때, 상대방에게 52분이라는 기대치를 설정하고 만족도를 올리는 전략을 기대하지 못했던 결과를 얻는다고 해서 기대치 배반 전략이라고 합니다. 이런 스킬이 빛을 발하는 순간은 상사에게 보고 기일을 말하거나 일의 납기일을 전해야 할 때입니다. 일의 퀄리티도 중요하지만, 상사는 일정에 차질없이 제시간에 맞춰 업무가 진행될 때 크게 안심하고 만족감을 느낍니다.

이때 열혈 사원이 가끔 범하는 실수가 최대한 빨리 일을 끝내고 싶은 마음에 의욕을 잔뜩 집어 넣고 이렇게 말하는 것입니다.

"금방 가져오겠습니다."
"퇴근 전까지 가져오겠습니다."

물론 상사 앞에서 애매모호하게 이야기하는 것도 잘못된 방식이겠지만, 더 큰 문제는 저렇게 단언한 일을 실제 약속된 시간에 가져가기가 쉽지 않다는 것입니다. 회사 일에는 늘 변수가 존재하고 예상치 못한 일이 끼어들기 마련입니다. 그래서 일명 '쿠션 시간'이라는 틈을 집어넣어서 여유 있게 보고하는 것이 좋습니다. 3시까지 충분히 끝낼 수 있는 일도 일단 5시까지 끝내겠다고 이야기하고, 3시에 끝내는 것입니다. 그럼 상사는 기대치 배반에 의해 만족도가 올라가니 자연스레 나에 대한 신뢰가 생기지 않을까요?

상사가 가장 원하는 업무 스타일은 정확한 내용을 적절한 시기에 보고해주는 것이라고 합니다. 업무의 질과 속도 모두 중요합니다. 업무의 질은 물론 내 실력과 노력의 결집체이겠지만, 속도는 살짝 조절이 가능한 요인이라고 생각합니다. 조삼모사와 같은 스킬, 기대치 배반 전략이 있으니까 말이죠.

현상이 아니라
본질을 봐야 썩은 사과가
열리지 않는다

원인 분석으로 문제 해결력 키우기

영국이 인도를 식민 통치하던 시절, 인도에는 맹독성 코브라가 사람을 물어 죽이는 일이 잦았다고 합니다. 이 문제로 골머리를 앓던 영국 총독부에서는 코브라를 퇴치할 해결책으로 코브라를 잡아오면 1마리당 일정 금액의 포상금을 지급하기로 합니다.

시행 초기에는 총독부의 의도대로 사람들이 코브라를 잡아오면서 코브라의 개체수가 줄어들기 시작했습니다. 총독부의 문제 해결이 통하는 듯싶었죠.

하지만 시간이 지나면서 코브라 개체수가 다시 늘어나기 시작합니다. 그리고 코브라로 포상금을 타가는 사람들의 수도 함께 늘어났습니다. 상황이 이상하게 돌아가는 낌새를 눈치 챈 총독부에서 조사를 시작했고, 사건의 전말이 밝혀졌습니다.

사람들이 코브라로 포상금을 타기 위해서 집집마다 코브라를 사육하기 시작한 것이었습니다. 포상금 정책 초기보다 코브라의 개체수가 늘어나는 것은 당연한 결과였죠. 정말 재미있는 일 아닌가요? 문제 해결을 위해 사용한 방법이 오히려 문제를 키우는 꼴이 되었으니 말이죠.

이후 문제 해결을 위한 대책이 미봉책에 그치거나, 예상치 않은 부작용을 초래하며 사태를 악화시키는 것을 가리켜 코브라 역설(Cobra Paradox) 혹은 코브라 이펙트(Cobra Effect)라고 부르게 됐습니다.

여기서 우리는 중요한 통찰 하나를 발견할 수 있습니다. 바로 문제 상황에서 이를 해결하기 위한 방법을 찾는 것보다 문제를 일으킨 원인을 찾아야 비로소 제대로 문제를 해결할 수 있다는 사실입니다. 만약 영국 총독부의 누군가가 '왜 코브라의 개체수가 늘어나는 것일까?'라는 질문을 통해 근본적인 원인을 파악하려는 시도를 했다면 문제 해결의 방법이 달라졌을 것입니다. 마을에서 자생하는 쥐가 코브라의 먹이가 되어 개체수가 증가하는 것으로 밝혀졌다면, 코브라보다 쥐를 잡는 방법이 효과적이지 않았을까요?

여기서 한발 더 나아가 쥐가 서식할 수 있는 비위생적인 환경이 원인으로 지목되었다면, 비위생을 개선하기 위해 마을 청소를 하거나, 소독을 하는 것이 좀 더 효과적이었을 것입니다. 당연히 사람들이 집에서 코브라를 사육하는 황당한 상황이 벌어지지 않았을 테고, 결과적으로 마을에서 코브라를 퇴치하는 데 성공하지 않았을까요?

저는 이것이 기획의 본질이자, 핵심이라고 생각합니다. 문제 자체가 아니라 문제의 이면에 감춰진 원인을 분석하고, 거기에서 해결책을 찾는 방식입니다. 문제를 마주한 다음에 바로 해결책으로 넘어가는 대신 '왜'라는 질문을 통해 그 이면에 숨겨진 본질을 찾아 해결하는 것이죠. 이렇게 생각하고 접근해야 코브라 역설처럼 오히려 문제를 키우는 실수를 하지 않게 되는 것입니다.

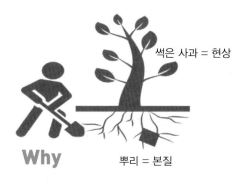

위에 한 그루의 사과나무가 보이시나요? 썩은 사과 하나가 열려 있습니다. 이 상황에서 겉으로 보이는 썩은 사과 하나를 제거한다고 앞으로 썩은 사과가 열리지 않을까요? 아닙니다. 아마 같은 자리에서, 혹은 다른 가지에서 계속해서 썩은 사과가 열릴 것입니다. 문제-해결의 논리로만 접근했기 때문이죠. 썩은 사과가 열리게 만든 근본 원인인 뿌리를 제거하거나, 뿌리를 건강하게 해야 다시는 썩은 사과가 열리지 않는다는 사실쯤은 쉽게 이해할 수 있겠죠?

'왜'라고 물어야 현상 뒤에 숨겨진 본질이 모습을 드러냅니다. 그리고 이 본질을 찾아서 개선하거나, 제거해야 비로소 제대로 된 문제 해결, 제대로 된 기획이 가능합니다. 그래서 기획 전문가들은 문제와 원인을 이렇게 정의하기도 합니다.

문제 = 결과, 현상, 피상 vs 원인 = 본질, 근본, 핵심 문제 해결의 핵심이자, Key는 원인입니다. 문제 해결의 열쇠는 원인이 가지고 있으니, 문제 해결의 방향 또한 원인을 제거하거나 개선하는 쪽으로 전개해 나가는 것이 기획의 기본 논리이자 문제 해결의 핵심 프로세스입니다.

답은 언제나 문제가 아니라 원인에 내포되어 있습니다. '왜'라는 질문을 통해 제대로 된 원인을 찾아야 제대로 된 기획이 가능합니다. 문제 상황 앞에서 항상 '뭘 어떻게 해야 하지?'를 묻기보다 '왜 이런 일이 벌어졌지?'가 선행되어야 함을 잊지 말아야 합니다.

마지막으로, 한 가지 사례를 더 소개해 보겠습니다. 대한민국 국민이라면 대부분 알고 있는 어느 제약회사의 우X사 광고입니다. 광고 영상의 내용을 정리하면 아래와 같습니다.

여자 : 아 피곤해.
남자 : 간 때문이야~ 간 때문이야~ 피곤은 간 때문이야.
성우 : 간기능 장애에 의한 피로, 간이 깨끗해야 피로가 풀린다.
남자 : 피로! 간! 우X사!

이 광고의 내용을 기획으로 바꿔서, 문제-원인-해결책으로 정리해 보겠습니다.

문제(피곤) - 원인(간) - 해결책(우X사)

여기서 한 가지 질문을 해보겠습니다. 위에서 피로의 해결책으로 제시된 우X사의 본질은 피로 회복제일까요, 아니면 간기능 개선제일까요?

문제 해결의 Key이자 핵심은 원인에 있다는 사실을 기억한다면 자연스레 답이 나올 거라고 생각합니다. 해결책, 우X사의 본질은 원인을 개선하거나 제거하기 위한 내용이어야 하므로 이에 따른 답은 '간기능 개선제'입니다.

압정 사고로
날카롭게 파고들어 보자

통합적 사고 : MECE, 5Why, 로직 트리

좋은 기획은 문제를 넓고 깊게 분석하는 습관에서 시작됩니다. 단순히 표면적으로 드러난 문제의 현상만을 보고 해결책을 떠올린다면 근본적인 문제 해결이 되지 않습니다. 따라서 문제를 좀 더 다양한 관점에서 살피며 깊이 있게 분석해야 합니다.

[원인 분석에 필요한 압정 사고]

여기서 분석이라는 개념은 바로 '원인 분석'을 의미합니다. '왜?'라는 질문을 던져서 문제를 일으킨 근본 원인을 찾아야 하는데, 이때 필요한 사고법을 '압정 사고'라고 합니다. 이번에는 원인 분석의 중요성과 압정 사고의 핵심 개념에 대해서 알아보도록 하겠습니다.

넓게 보기의 핵심, MECE 사고

'넓게 본다'의 의미는 문제를 일으킨 원인을 전체적인 관점에서 빠짐없이 분석한다는 뜻입니다. 이것을 미시(MECE) 사고라고 하는데, 보통 '미시 사고' 또는 '엠이씨이 사고'라고 읽습니다. MECE는 Mutually Exclusive Collectively Exhaustive의 앞 글자를 따서 만든 말인데, 그 의미는 '상호 배타적이면서 모였을 때는 완전히 전체를 이루는 것'을 의미합니다. 조금은 어렵게 느껴지죠?

쉽게 정리하면, 미시 사고는 분석을 하거나 분류를 할 때 두 가지가 없어야 함을 의미합니다.

미시사고 = '중복'과 '누락'이 없는 체계

예를 들어서 자동차를 분류하는데, 경형-중형-대형으로만 나누면 어떨까요? 뭔가 허전해 보이지 않나요? 소형이 누락된 걸 발견할 수 있습니다. 사람을 남자-여자-직장인으로 분류하면 어떨까요? 남자와 직장인, 그리고 여자와 직장인 사이에 중복이 발생했죠? 두 경우 모두 미시 사고에 부적합한 사례라고 할 수 있습니다.

반면 여행을 국내여행, 해외여행으로 분류한다든지 시간을 과거-현재-미래로 구분하는 방법은 어떤가요? 상호 간에 중복되는 부분이나 전체적으로 누락되는 것이 없음을 확인할 수 있습니다. 미시 사고에 적합하다고 볼 수 있겠죠.

미시 사고를 견지하는 것은 기획이나 문제 해결에 있어서 꼭 필요한 일로, 크게 네 가지 측면에서 의미가 있습니다.

1) 시스템 사고: 요소들이 전체 구성요소로서 적합한지 확인 가능

2) 논리적 사고: 필요한 논리 요소 전체를 포괄 가능

3) 균형적 사고: 어느 한쪽으로 치우치거나 다른 요소를 누락하는 오류 방지

4) 간결한 사고: 같은 구성요소를 중언, 부언해서 설명하는 오류 방지

예를 들어, 어느 의류 매장의 매출 하락에 대한 원인을 찾기 위해서는 문제를 일으킨 원인을 미시 사고에 입각해서 종합적이고 균형 잡힌 시각으로 분석해야 합니다. 이때 A라는 기획자가 고객의 구매 '프로세스'를 기준으로 분석을 했다면 아래와 같은 결과를 냈을 겁니다.

[A매장 매출 하락의 원인]

(구매 전) 매장 홍보 및 구매 방법에 대한 안내 부족

• 매장에 대한 SNS 홍보 부족

• 매장 위치, 제품 종류 등에 대한 안내가 미흡

(구매 중) 고객 응대 및 상품 진열 방법의 미흡

- 점원이 고객에게 상품 설명을 제대로 못함
- 디스플레이가 현재 트렌드에 맞지 않음

(구매 후) 고객 관리 및 사후 관리 체계 부재

- 고객 데이터 관리가 이루어지지 않음
- 구매 고객에 대한 혜택이 추가적으로 제공되지 않음

시간이라는 관점에서 고객 구매 행동을 구매 전, 중, 후로 정확하게 구분했습니다. 미시 사고에 적합한 원인 분석이 되었음을 확인할 수 있죠.

여기서 한 가지 포인트를 더 짚고 넘어가겠습니다. 원인 분석의 방법이 이게 전부일까요? 시간 또는 프로세스 관점에서 접근하는 게 유일한 방법은 아닐 것입니다. 기획자가 분석의 기준을 어떻게 잡느냐에 따라 다양한 분석이 가능해집니다.

예를 들어, 아래와 같이 다양한 기준을 적용한 MECE 패턴도 선보일 수 있습니다.

[매장의 구성요소] HARDWARE – SOFTWARE – HUMANWARE

[상품 구성] 남성복 매출 – 여성복 매출

[매출 요소] 방문객 수 – 구입율 – 객단가

이처럼 어떠한 관점으로 기준을 적용하느냐에 따라 다양한 원인 분석이 나올 수 있습니다.

깊이 보고의 핵심 5Why 사고

이번에는 원인 분석을 깊이 있게 하는 5Why 사고법을 소개하겠습니다. 5Why 사고법은 말 그대로 다섯 번의 Why를 통해 문제의 원인을 깊이 들여다 보는 사고법입니다.

예를 들어, 인천 공항 면세점 오프라인 매장의 전체 매출이 떨어지는 문제가 발생했습니다. 이제 여러분은 기획자의 생각을 갖췄기 때문에 뭘 어떻게 할까로 생각을 옮겨서는 안 됩니다. 대신 '왜 매출이 떨어졌을까?'라는 질문을 던져서 원인을 파악해야 합니다. 이때, 총 5번의 Why를 시도해 보겠습니다.

1 Why
왜 매출이 떨어졌지?
면세점 방문 고객이 줄었다.

2 Why
왜 방문고객이 줄었지?
출국장에 머무는 시간이 줄었다.

3 Why
왜 출국장에 머무는 시간이 줄었지?
출국심사장에서 출국장까지 이동하는 데 드는 시간이 길다.

4 Why
왜 소요시간이 길지?
출국 심사에 시간이 많이 걸린다.

5 Why
왜 출국 심사에 시간이 오래 걸리지?
보안검색이 복잡하기 때문이다.

*참고: 최장순 『본질의 발견』에 나온 내용을 각색하였습니다.

정말 신기한 일이 벌어졌습니다. 보통 면세점 매출 하락에 대한 해결책을 찾아보라고 하면 '매장 디스플레이를 바꾼다'든가, '프로모션을 한다' 등의 단순한 해결책이 나오기 마련입니다. 하지만 5Why를 통해서 원인 분석의 깊이를 더해보니 전혀 엉뚱한 곳에서 해결책이 발견됩니다. 저는 이게 5Why의 힘이자, 근본적으로 문제를 해결하고, 창의적인 기획을 시작하는 방법이라고 생각합니다.

회사 일을 하다 보면 종종 상사들이 이런 요청을 해오고는 합니다.

"뭔가 새로운 것 좀 없어?"
"창의적인 기획 좀 해 와봐."

하지만 이런 상사의 요청에 고민의 깊이만 더해갈 뿐, 뾰족한 수는 떠오르지 않습니다. 우리는 스티브 잡스가 아니니까요.

'어떻게 창의적인 기획을 해?'
'새로운 게 뭐가 있어?'

이때, 한번 자신에게 질문을 해보기 바랍니다. 나는 어떤 문제 상황에 대해 얼마나 심도 있게 고민을 해왔는지 말이죠. 문제의 원인, 다시 원인의 원인, 또 다시 좀 더 깊숙한 원인까지 파악해보려는 노력만으로 해결책의 깊이나 방향은 충분히 달라지고 또 새로워질 수 있습니다.

지속적으로 왜, 왜, 왜라고 묻는 습관을 통해 원인 분석의 깊이가 달라집니다. 그 깊이만큼 해결책의 새로움이 달라지고, 내 기획이 좀 더 빛나지 않을까요?

마지막으로, 5Why와 관련하여 주의해야 할 점 세 가지를 소개합니다.

첫째, 원인은 통제·해결 가능한 수준이어야 합니다. 원인의 내용이 내가 해결할 수 있는 수준이어야 합니다. 예를 들어 비가 안 온다, 키가 작다, 법이 그렇다 등의 원인은 내가 통제할 수 없는 요소이기 때문에 고민하는 의미가 없습니다.

둘째, 근거·검증 가능한 원인이어야 합니다. 원인이 사실이 아니면 고민할 가치가 없습니다. 원인이 주관적인 의견이 아님을 구체적인 근거를 통해 뒷받침하거나 검증 가능한 사실인 경우에만 가치가 있겠지요.

셋째, 최소 5번 이상 묻기 위한 노력을 해야 합니다. 5Why가 반드시 '왜'라고 다섯 번을 질문하라는 뜻은 아닙니다. 그만큼 집요하게 현상에 대해 물을 수 있는 열정과 끈기를 갖추라는 뜻입니다.

MECE와 5Why의 결합체 '로직 트리'

앞서 소개한 MECE와 5Why가 원인 분석을 위한 사고법이었다면, 이번에 소개할 것은 두 가지 사고법을 결합해서 원인 분석을 할 수 있는 툴이라고 할 수 있습니다. 바로 '로직 트리'입니다. 로직 트리는 로직과 트리의 합성어로 '논리 나무' 정도로 해석이 가능할 것 같습니다. 한마디로, 논리를 갖춘 나무 모양의 분석 방법이라는 뜻입니다.

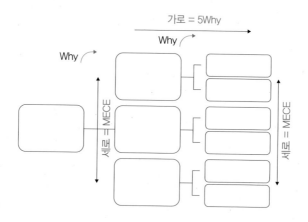

로직 트리는 넓고, 깊게 문제의 원인을 체계적으로 분석하는 방법입니다. 세로는 MECE를 유지하면서 가로는 계속해서 왜, 왜, 왜를 물어가는 방식입니다. 최소 2~3번의 과정을 반복함으로써 핵심 원인을 찾아낼 수 있습니다.

예를 들어, 어느 공연장에 갑자기 쓰레기가 증가해서 이 문제를 해결하기 위해 기획을 하는 상황이 있다고 가정하겠습니다. 이때 기획자는 '어떻게 쓰레기를 줄이지?'가 아니라 '왜 쓰레기 양이 증가했지?'로 생각을 옮겨야 합니다.

첫 번째 질문에 항상 '왜'가 자리해야 문제를 일으킨 원인을 찾을 수 있고, 바로 여기서부터 기획이 시작될 수 있습니다.

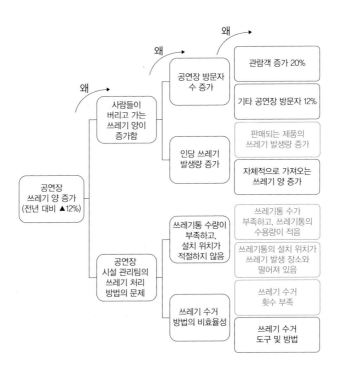

이렇게 '왜'라고 물음으로써 1차적으로 사람들이 쓰레기를 버리고 가는 양이 증가했고, 쓰레기 처리 방식에도 문제가 있다는 사실을 알게 됐습니다. 이때 기획자는 좀 더 깊이 있는 분석을 위해 다시 한 번 '왜'라고 질문을 던져야 합니다. 이렇게 차례차례 '왜'라는 질문을 던져서 원인의 원인, 다시 그 원인의 원인을 탐색해 나가다 보면 실제로 공연장의 쓰레기가 증가된 근본 원인을 찾게 되지요.

- 판매되는 제품의 쓰레기 발생량 증가
- 쓰레기통 수가 부족하고, 쓰레기통의 수용량이 적음
- 쓰레기통의 설치 위치가 쓰레기 발생 장소와의 접근성이 떨어짐
- 쓰레기 수거 횟수 부족

분석을 통해 네 가지의 핵심 원인을 밝혀냈으니, 이제 개선점이나 해결책을 찾는 일은 크게 어려워 보이지 않습니다. 원인이 이미 답을 내포하고 있기 때문이죠. 미시 사고와 5Why 사고를 적용한 로직 트리는 효과적으로 원인 분석을 할 수 있는 툴이니, 잊지 마시고 꼭 업무에 적용해 보시기 바랍니다.

"

좋은 기획은 문제를 넓고 깊게
분석하는 습관에서 시작됩니다.

"

악마는
디테일에 있다

디테일의 차이가 실력의 차이

모 이벤트 회사의 기획서 자문을 진행할 때 일입니다. 주로 지역 상권이나 중소기업에 대한 홍보 업무를 수행하는 작은 회사에 모처럼 큰 기회가 찾아왔습니다. 가전 글로벌 기업 B사의 오프라인 제품 체험 행사에 대한 입찰 기회가 주어진 것입니다. 회사 대표는 B회사 담당자와 친분도 두텁고, B회사 입장에서도 소규모 업체가 이번 행사를 전담해서 맡아 주었으면 하는 니즈가 있었습니다. 사실상 경쟁 PT는 따놓은 당상이었죠. 직원들 모두 대형 프로젝트 수주를 낙관하고 있었습니다.

하지만, 경쟁 PT가 끝나고 발표된 최종 결과는 낙방이었습니다. 쉽게 받아들일 수 없는 결과였죠. 회사 대표는 B사 담당자에 그 이유를 물었고, 담당자 입에서 나온 말을 듣고 할 말을 잃게 되었습니다.

"저희 회사에는 삼각형 모양의 면도기가 없습니다. 저희 회사는 일자형 면도기만 취급해요. 저희 회사 제품에 대한 연구가 부족하셨던 것 같네요. 아쉽습니다."

마케팅 제안
Time Attack Challenge

실행방안
1. 복숭아와 B사 전동 면도기를 준비
2. 복숭아의 털을 다 깎으면 다음 게임으로 이동

기대효과
1. 게임을 통해 친숙하게 제품을 홍보할 수 있다.
2. 다음 단계를 떨어질 경우 계속해서 도전해야 하므로 제품을 자주 접하게 된다.
3. SNS에 게시함으로써 마케팅 효과 기대

복숭아 털깎기

수십 장의 제안서 중 단 한 장, 그것도 귀퉁이에 있는 면도기 그림 하나가 문제였습니다. 처음에는 '뭐 이런 거 가지고 그래?'라고 의아해했지만, 담당자 입장에서 생각해 보니 충분히 이해가 되었습니다. 저라도 자사 제품이 아닌 타사 제품의 이미지를 사용한 제안서에 신뢰가 가지 않았을 것입니다. 어쨌든 저를 포함한 프로젝트 팀은 사소한 디테일 하나 때문에 한순간에 억대 매출을 놓치게 되었습니다.

'사소한 오류일까? 단순 실수일까? 꼼꼼하지 못해서일까?'

몇 날 며칠을 고민한 끝에 이런 결론을 얻었습니다. 디테일은 단순히 꼼꼼함에 관한 문제가 아니라, 일에 대한 전반적인 태도라는 사실이었습니다. 더 잘하려고 하는 의지, 최고의 결과물을 만들고자 하는 책임감이 만들어 내는, 보이지 않는 실력이자 힘이라는 것이죠.

디테일에 강하다는 말이 사소하고 미미한 부분에 집착하는 것만을 의미하지는 않습니다. 디테일의 본질적인 정의는 '업무에 대한 책임감과 일의 완성에 대한 기대치가 만들어낸 결과물'입니다. 일의 결과에 대해 책임지려는 마음과 일의 완성도를 높이려는 의지의 크기가 디테일의 수준을 결정한다고 생각합니다.

오래전 방영된 tvN 드라마 《응답하라 1988》은 디테일에 대한 제작진의 의지와 노력을 잘 보여준 드라마였습니다.

예를 들어, 드라마에서 바둑기사 최택 6단(박보검)이 중국 바둑대회에서 둔 바둑판의 기보는 실제 2005년 농심배 세계바둑 최강전의 기보를 그대로 재현해 낸 것이라고 합니다. 뿐만 아니라 드라마 속에서 단 2초 스쳐간 봉황당의 간판 전화번호 하나도 놓치지 않고, 그 당시 쌍문동 지역의 전화번호를 그대로 재현해 냈지요.

대부분이 신경 쓰지 않고 지나친 그 사소한 디테일을 완성하고자 노력한 제작진의 의지와 태도가 있었기에 《응답하라 1988》이 평균 시청률 19.6%를 기록하며 종편 역사상 가장 성공한 드라마로 기억되는 것은 아닐까요?

물론 이런 세세한 부분까지 기억하는 사람이 얼마나 있었겠습니까만, 결국 그 사소한 차이를 만들어 내고자 한 사람들의 의지와 노력은 반드시 인정받기 마련입니다.

사람들은 흔히 '디테일에 강하네'라고 칭찬을 하며 그 말의 의미를 단순히 '꼼꼼함'으로 해석하고는 합니다. 하지만 디테일은 단순히 꼼꼼함만을 의미하지는 않습니다. 뛰어난 관찰력과 거기서 나오는 통찰력이자 치밀함이며, 그것을 실천에 옮기고자 하는 노력과 열정의 집합체라고 할 수 있죠. 그래서 디테일은 성공하는 사람과 그렇지 못한 사람을 구분하는 결정적 차이를 만들어 냅니다. 성공한 사람들에게는 반드시 디테일이 있다는 말은 부정할 수 없는 사실입니다.

'악마는 디테일에 있다(The devil is in the detail)'는 말이 있습니다. 어떤 일을 할 때 세부사항까지 꼼꼼하게 챙기는 것의 중요함을 강조한 '신은 디테일에 있다(God is in the detail)'에서 변형된 말입니다.

이 말은 얼핏 보면 쉬워 보이지만, 완성도를 높이려면 예상했던 것 이상으로 시간과 노력을 쏟아 부어야 하기에 디테일을 챙기는 일이 악마와 같이 힘들고 고달픈 것임을 표현한 것입니다. 그만큼 중요하지만 완성이 힘들다는 말을 비유적으로 잘 보여줍니다.

디테일을 챙기는 방법은 여러 가지가 있지만, 여기서는 세 가지를 소개하겠습니다.

체크리스트 활용하기

머릿속에만 생각이 머물면 세세한 문제가 잘 보이지 않습니다. 머릿속 생각을 체크리스트로 정리한 뒤 직접 점검해 보면 빈틈이나 실수를 좀 더 잘 찾을 수 있습니다. 머리가 아닌 기록으로 관리하는 것이 보다 효과적입니다.

시뮬레이션 하기

일을 진행하기 전에 머릿속으로 일련의 흐름에 따라 시뮬레이션을 해보는 것입니다. 머릿속에 생생한 그림을 그림으로써 놓치고 있는 부분을 확인할 수 있습니다.

주변에 물어보기

내가 보지 못하는 부분을 남들이 더 잘 보는 경우가 많습니다. 업무 점검을 할 때 동료나 선배 등에게 물어보면 손쉽게 디테일을 챙길 수 있습니다.

디테일은 능력이나 스킬의 문제가 아닌 의지와 노력의 문제입니다. 어떤 일이라도 끊임없이 의심하고, 계속해서 질문하며, 더 좋은 방법은 없을까를 고민하고, 세부적인 부분까지 챙기는 디테일의 '끝판왕'이 되어보는 건 어떨까요?

기록은 기억을 지배하고,
행동을 부른다

기록, 하루를 꽉 채우는 힘

2021년은 코로나로 인해 극성스러운 새해맞이는 없었지만, 그럼에도 저마다 특별한 의미를 두고 한 해를 시작하셨을 것입니다. 지난 한 해를 돌아보고, 이런저런 새해 목표도 세웠겠죠. 저 또한 걱정스러운 마음과 설레는 마음을 더해 2021년을 맞이했고, 몇 가지 목표도 세웠습니다.

하지만 몇 달이 지나고 나니 그 설렘과 목표 의식은 쉽게 사라졌습니다. 그저 하루하루를 살아 내기 바쁠 뿐, 새해 첫날의 마음은 온데간데없습니다. 그렇게 스치듯 시간이 지나갔고, 또 한해의 끝을 바라보고 있습니다.

그런 의미에서 '어쩌면, 31일에서 1일로 넘어간 것이 그렇게 큰 의미가 있을까'라는 생각도 해봤습니다. 단지 하루 24시간이 지났을 뿐 달라진 것은 아무것도 없으니 말입니다. 이렇게 이어진 생각은 '해가 바뀌는 것보다 더 중요한 것은 매일매일 나에게 주어진 하루를 어떻게 보내느냐가 아닐까'하는 깨달음으로 이어졌습니다.

'하루하루를 의미 있게 보내는 방법은 뭐가 있을까?'
사람마다 방식은 다르겠지만, 개인적으로 활용하고 또 추천하는 방법은 하루를 기록으로 시작하는 것입니다. 다이어리나 메모장 등에 오늘의 To do list 등을 적으며 하루를 여는 것이죠. 방법은 상관없습니다. 아날로그 방식이든 디지털이든 뭐든 좋습니다. 단지, 오늘 할 일을 적고 하루를 시작하는 것만으로 충분합니다.

개인적으로는 다이어리나 수첩을 활용한 아날로그 방식을 선호합니다. 손으로 무언가를 적는 감각도 좋고, 뭔가 기록이 쌓이는 느낌까지 더해지기 때문입니다.

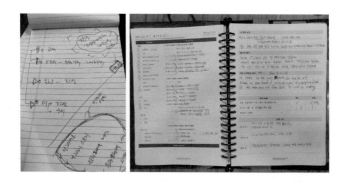

형식이나 방법을 고민할 필요도 없습니다. 사치일 뿐입니다. 위 사진에서 왼쪽이 제 기록 방식이고, 오른쪽은 친한 지인이 사용하는 방식입니다. 너무 비교되어 부끄럽기는 하지만, 보이는 것에 의미는 없다고 봅니다. 정리를 잘하거나 글씨를 잘 쓰는 것보다 기록하고 시작하는 하루에 의미를 두면 됩니다.

기록하는 것은 크게 세 가지 측면에서 의미가 있습니다.

첫째, 머릿속이 정리되고 부담이 줄어듭니다.

우리가 습관처럼 하는 말 중에 '바빠, 바빠 죽겠어'라는 말이 있습니다. 어쩌면 이는 우리 뇌가 장난치는 행동인지도 모릅니다. 뭔가 할 일이 머릿속에 가득하니까, 우리 뇌가 그걸 바쁘다고 해석하는 것은 아닐까요? 머릿속이 꽉 차 있으면 왠지 복잡하고 부담스럽습니다. 짜증이 나기도 하고 마음도 급해지죠. 이때 노트를 꺼내 오늘 할 일, 주간 할 일 등을 기록해 보시기 바랍니다. 복잡했던 일들이 눈앞에서 기록으로 바뀌는 순간 머릿속은 맑아지고, 해야 할 일은 선명해집니다. 기록은 기억하기 위해서 하는 것이 아니라, 비우기 위해서 한다는 말처럼, 머릿속의 생각을 꺼내서 기록하는 것만으로도 한결 맑아진 기분이 들 것입니다.

둘째, 기록에는 행동을 부르는 힘이 있습니다.

머릿속에 있을 때는 불편하고 복잡해 보이는 일들도 막상 노트 위에 적어 놓으면 구체화되고 현실화됩니다. 물론 과학적으로 증명된 사실은 아니지만 '서명'이 약속의 의미를 가지듯, 무언가를 쓰는 행위 자체에 힘이 있는 것은 아닐까요? 게다가 눈에 보이지 않는 머릿속 생각은 막연하지만, 눈앞에 보이는 기록은 좀 더 선명하고 구체적이어서 행동으로 옮기기가 쉽습니다.

기록하지 않은 것은 시간이 지나면 잊게 마련입니다. 당연한 말이지만 잊어버리면 행동으로 옮길 수가 없겠죠. 행동은 성과를 내기 위한 시작이며, 인정받는 사람이 갖춰야 할 최소한의 조건입니다. 이 조건을 기록하여 행동을 담보해 보는 건 어떨까요?

마지막으로, 하루를 기록하면 성취감을 느낄 수 있습니다.

많든 적든 몇 가지 To do list를 적어 놓고 한 가지를 완수할 때마다 체크 표시를 해보는 겁니다. '쭈욱' 선을 그어서 지우는 방식도 추천합니다. 물론 나중에 확인할 수 있도록 지운 내용이 살짝 보이게 말이죠.

이렇게 할 일을 지우는 행동에서 묘한 쾌감이 느껴지기도 합니다. 마치 설거지를 할 때, 그릇의 찌꺼기가 제거되는 것에서 스트레스가 해소된다는 연구결과처럼 말이죠. 이런 행동을 통해 '해냈다'라는 작은 성취감도 느낄 수 있습니다. 이 성취감이 다음 일을 해 나가는 데 동기가 된다는 '스몰 석세스' 효과는 앞서 설명한 바가 있습니다.

완료하는 행동 → 성취감 → 다음 행동 → 성취감 → 또 다음 행동

이런 긍정적인 사이클을 만듦으로써, 지속적으로 일을 해나갈 수 있는 힘을 기를 수도 있을 것입니다.

하루를 기록하고 관리하는 삶을 통해 의미 있는 하루가 만들어집니다. 그 의미 있는 하루가 쌓여서 새해에는 뭔가 빛나는 성과를 낼 수 있지 않을까요? 눈에 당장 보이는 성과는 없다고 할지라도, 분명 보이지 않는 무언가가 내면에 쌓일 것이라고 확신합니다.

얼마 전 tvN《유 퀴즈 온 더 블록》이라는 프로그램에서 참가

자 한 명이 MC 유재석 씨에게 꿈이 뭐냐고 물은 적이 있었습니다. 유재석 씨는 잠시 당황하더니, 이렇게 입을 뗐습니다.

"저는 사실 꿈이 없어요. 뭐가 되겠다, 이루겠다는 목표에 대해서 한 번도 생각해 본 적이 없어요."

질문을 한 사람은 꽤 당혹스러워 했습니다. 대한민국 최고 MC라면 거창한 목표나 꿈이 있을 거라는 기대가 무너졌기 때문이죠. 그 당혹스러움을 눈치챈 유재석 씨가 말을 이어갑니다.

"어떤 목표는 없지만, 그런 건 있습니다. '그냥 지금 하는 프로그램을 어떻게 더 잘하지' 그것만 생각하는 것 같아요. 매일매일 그 고민을 하면서 삽니다."

듣는 순간, 역시 '유재석'이라는 생각이 들었습니다. 먼 미래에 대한 거창한 목표도 좋지만, 유재석 씨에게는 오늘 주어진 하루에 충실하고, 그 하루를 열심히 살아내는 것이 목표이자 삶 자체가 아닐까 생각해 봤습니다.

아침 7시에 시작해서 늦은 저녁까지 하루를 보내고 집으로 돌아가는 길, 저는 스스로에게 하는 질문이 하나 있습니다. '나는 오늘 하루를 꽉 채웠는가?'

'꽉' 이라는 단어에는 여러 가지 의미가 담겨 있습니다. 오늘 할 일을 다했는지, 치열하게 살았는지, 쓸데없는 데 시간을 보내지 않았는지 등입니다. 이 질문에 대한 대답이 '예스'일 때 저는 그 어느 순간보다 행복감을 느낍니다. 그리고 스스로에게 확신합니다. 그렇게 '예스'라는 대답이 쌓여갈수록 내 성공도 조금씩 가까워지고 있다고 말이죠.

☀ 신입사원에게 필요한 MSG 3

메모의 힘, 때로는 메모로 마음을 얻는다

상대방과 대화를 하거나 상사에게 업무 지시를 받을 때, 내가 상대방의 이야기를 메모하고 있다는 행위는 그 모든 것을 넘어선 최고의 경청이자 상대방에 대한 존중의 표현입니다. 굳이 말하지 않아도 메모라는 행위, 그 행동 자체가 메시지가 되는 것입니다.

설령 메모장에 낙서를 하며 듣고 있다고 할지라도, 메모라는 행위 그 자체는 상대방에게 '내 말을 중요하게 생각하네', '내가 하는 말이 도움이 되는가 보네'라는 인식을 주게 됩니다. 이런 인식은 자연스레 나에 대한 신뢰와 호감으로 이어질 수 있습니다. 하물며 진정성을 가지고 그 사람의 이야기를 듣고 메모하며, 나중에 그 내용을 기억하고 있다가 활용한다면 효과는 배가 되겠죠.

비록 상대방의 의견이 하찮게 들리고 내 생각과 달라서 적을 가치가 없다는 생각이 들더라도, 메모를 통해 상대방에 대한 '존중심'만은 남겨두기 바랍니다. 언젠가 내가 전한 그 마음이 분명 다시 돌아오는 날이 있을 테니까요.

소소한 시간을 쌓으면
의미가 만들어진다

우습게 보지 마라, 5분의 힘

시간의 중요성을 강조하는 닳고 닳은 말 중에 '시간은 금이다'라는 격언이 있습니다. 너무 자주 들어서 와닿지도 않고, 시간이 금이라는 그 애매한 표현이 현실적으로 느껴지지 않습니다.

하지만, 최근에 '진짜 시간이 금이구나'를 느낀 적이 있었습니다. 프리랜서를 선언하고 얼마 되지 않은 어느 날, 어떤 선배가 해준 말 때문입니다.

"너 1년에 얼마 벌고 싶냐?"

떠오르는 대로 대충 얼마를 벌고 싶다고 하니, 그 선배는 그 금액을 1년 365일 24시간으로 나누어 보라고 했습니다. 뭔 뚱딴지같은 소리인가 했지만, 나름 의미가 있는 계산이었습니다.

"그럼 너의 1시간은 OO,OOO원이네. 그걸 기억하면서 일하면, 네가 망하는 일은 절대 없을 거다."

어딘지 모르게 한 대 얻어맞은 기분이었습니다. 평소 대충이나마 '시간을 잘 써야지', '아껴 써야지'라고 생각은 했지만, 그 시간을 구체적인 금액으로 환산해 본 적은 없었거든요. 계산해 보니, 저에게 주어진 1분 1초가 왠지 더 소중하게 느껴졌습니다. 제가 속물이라서 그런 걸까요?

내 시간의 가치를 계산해 보면 평소 아무렇지 않게 흘려 보냈던 5분, 10분의 시간이 아까워집니다. '그깟 5분', '5분인데 뭘' 하고 날려 보냈던 시간의 가치가 정말 금쪽같아지죠. 짧은 시간도 마음먹기에 따라 뭐든 할 수 있겠다라는 생각의 전환 역시 일어납니다.

그때부터 저는 나름의 원칙 하나를 정했습니다. 5분의 소중함을 알고, 5분이라는 시간도 살뜰히 활용하자는 것이었습니다. 물론 그깟 5분을 달리 어떻게 활용하냐고 하실 수도 있지만, 우선 판단은 잠시 미뤄두고 제가 소개하는 방법을 들어주시길 바랍니다.

찰나의 5분을 잡아둔다

살다 보면 가끔, 불현듯, 갑툭튀, 예상치 못한 순간에 좋은 아이디어가 떠오르는 순간이 있습니다. 특히 화장실에서 볼일을 보거나 샤워를 할 때, 혹은 자려고 누웠을 때 그런 경우가 많죠. 이때 '우와 아이디어 좋네'라고 자화자찬하며 돌아서는 순간, 그 아이디어는 흔적도 없이 사라집니다. 그렇게 집 나간 아이디어가 다시 집에 돌아오는 일은 없습니다.

아이디어는 단지 스쳐가는 생각입니다. 재빨리 펜과 종이를 꺼내 글자나 그림으로 기록해야 합니다. 음성 녹음도 좋습니다.

시간이 지나면 아무리 뇌를 되새김질해도, 아이디어가 떠오른 순간의 결정적인 생각과 느낌을 똑같이 기억해 내지 못합니다. 생각이 떠오른 순간 바로 메모나 녹음을 해야 순간의 경험을 놓치지 않을 수 있습니다. 이때 필요한 시간이 딱 5분입니다. 쉬고 싶은 마음을 잠시 물러 두고 5분만 투자하면 됩니다. 개인적으로 이렇게 짧은 시간을 투자해서 해둔 메모가 좋은 성과로 이어진 적이 많았습니다. 큰 성공을 거둔 프로젝트나 기획의 대부분이 소소한 메모에서 시작되었죠. 짧은 시간을 투자해서 평소에 해둔 메모들을 모아 첫 책을 출간할 수 있었습니다. 이 모든 시작에 딱 5분이 있었습니다. 5분이면 충분합니다.

피로 회복의 측면에서는 온전한 휴식이 답일 수도 있습니다. 하지만 그 순간 튀어 오른 생각을 잡아두는 데 5분을 할애하는 것은 충분한 가치가 있습니다. 책상에서 머리를 쥐어뜯으며 고민하는 5시간, 5일 이상의 효과가 있다는 것을 누구보다 잘 알고 있기 때문이죠.

5분도 허투루 여기지 않는다

권투 경기나 격투기를 보면 가끔 그렇게 세게 맞지도 않았는데 한방에 훅 가서 일어나지 못하는 경우가 있습니다. '뭐지? 스포츠 토토 했나? 은퇴경기인가?'라는 생각이 들 때쯤 해설자가 이렇게 말합니다.

"대미지가 쌓였네요. 복부 타격이 누적된 겁니다. 저게 쌓이면 결국 버틸 힘이 없어져요."

겉으로 보기에는 한 방에 훅 간 듯 하지만, 실제로는 1라운드부터 지속적으로 누적된 대미지 때문에 작은 펀치에도 무너진 것이었습니다. 저는 이것이 바로 누적의 힘이라고 생각합니다.

우리가 습관적으로 하는 말 중에 '시간 참 애매하게 남았네.'라는 말이 있는데, 저는 이렇게 말하는 사람만큼 애매한 사람도 없다고 생각합니다. 시간은 연속된 개념입니다. 생각하기에 따라 5분도, 50분도, 5시간도 애매할 수 있는 시간이고, 반대로 의미 있는 시간이 될 수 있습니다. 모든 것이 생각하기 나름인 것처럼, 시간도 생각하기에 따라 그 의미가 달라질 수 있습니다.

지하철이 오기까지 5분, 친구가 오기까지 5분이 남은 상황에서 '애매하네.. 게임이나 할까? 적당히 쇼핑이나 할까?'라는 생각과 '5분씩이나 남았네. 5분 동안 비즈니스 아티클 하나 읽어볼까? 책 한 챕터만 읽을까?'라는 생각의 차이는 지속적으로 쌓여서, 실력의 차이를 만들 것입니다.

나중에 누적 대미지가 될 것인지, 누적된 힘이 될 것인지는 지금 내 눈앞에 놓인 5분을 대하는 차이에서 시작됩니다. 비록 5분이지만, 짧은 시간도 쌓이면 큰 힘이 될 수 있다는 것, 누적은 언제나 무서운 힘을 발휘한다는 것이 제가 깨달은 두 번째 5분의 법칙이었습니다.

5분 안에 처리할 수 있는 일을 미루지 마라

당장 소변이 마려운데 '내일 가야지'라고 미루는 사람은 거의 없습니다. 5분이면 충분하고, 해결하지 않으면 큰일 나기 때문입니다. 하지만 일을 하다 마주치는 소소한 업무를 대하는 우리의 태도는 조금 다릅니다. '5분이면 충분한데 빨리 해치워야지'라고 생각하는 사람보다 '5분 밖에 걸리지 않는데, 이따 해야지'. '내일 해야지'라는 생각에 미뤄두는 경우가 더 많습니다.

하지만 짧은 시간에 처리 가능한 일을 바로 처리하지 않으면, 시간이 지날수록 그 일을 처리하는 데 드는 시간과 비용이 증가하는 경우가 많습니다.

간단한 일정 공지, 전화, 간단한 보고, 메일 등 5분 안에 처리할 수 있는 업무들은 보통 자잘한 일들입니다. 심리적으로 중요하다고 생각하지 않습니다. 그래서 까먹기가 쉽습니다. 무너진 모래성과 같이 금방 기억에서 사라집니다. 그러다 결국 눈덩이처럼 불어나서 걷잡을 수 없는 일로 커지게 됩니다.

5분이면 충분한 일에 5시간, 5일을 투자하지 않으려면 그때그때 처리하는 편이 낫습니다. 내가 받을 스트레스도 적고, 상대방에게 주는 피해도 줄일 수 있습니다. 사소한 업무라도 제때 처리해야 한다는 것이 제가 경험한 5분의 습관 마지막 이야기였습니다.

회사일, 집안일, 기타 일상에 지친 현대인들이라면 '5분마저 여유 있게 못쓰게 하네'라고 비난할 수도 있습니다. '꼭 그렇게 빡빡하게 살아야 돼?'라고 되물을 수도 있겠죠. 물론 제가 살아온 방식이 정답은 아닙니다. 5분이라는 시간은 그냥 흘려 보내도 그만이고, 게임을 하거나 SNS를 통해 관계를 다지는 것 모두 의미가 있다고 생각합니다.

하지만, 비록 짧은 시간이라도 그 시간에 의미를 두느냐 그렇지 않느냐에는 큰 차이가 있다고 생각합니다. 단순히 흘려 보내는 5분이 아니라, 나에게 의미 있고 도움이 되는 시간으로 활용할 필요는 있겠지요. 500원을 아끼는 마음이 있다면, 시간 5분도 아껴서 쓸 수 있는 지혜가 있었으면 좋겠습니다.

"돈이 없다는 것은 죄가 아니지만, 시간이 없다는 것은 죄다."

시간이 없다는 것은 단지 핑계에 불과한 말인지도 모릅니다. 나도 모르게 놓치고 있는, 아무렇지 않게 버리고 있는 자투리

시간에서 그 답을 찾아보는 것은 어떨까요? 5분이 100번, 1,000번쯤 모인다면, 내 인생에 큰 의미를 만들어 줄 시간이 될 것입니다. 5분에는 그러한 큰 힘이 있습니다.

✖

"글을 쓰기 전에는 항상 내 앞에 마주 앉은 누군가에게
이야기를 해주는 것이라고 상상해라.
그리고 그 사람이 지루해 자리를 뜨지 않도록 설명해라."

─제임스 패터슨─

비법 2

프로 글잘러

4가지 없는
보고서는 이제 그만

좋은 보고서의 조건과 보고서 작성 원칙

'사람의 몸은 90%가 피이고, 회사 일의 90%는 문서다'라는 말처럼, 회사 업무에 있어서 문서의 중요성은 크다고 할 수 있습니다. 하지만, 생각을 꺼내서 글로 표현하고 문서로 정리하는 일은 그리 쉽지 않습니다. 오죽하면 세상에서 가장 어려운 것 두 가지가 '남의 주머니에서 돈을 가져오는 것과 내 생각을 남의 머릿속에 전달하는 것'이라는 말이 있을까요? 특히, 글로 하는 보고는 자주 하지도 않고, 배운 적도 없기에 늘 낯설고 어렵게 느껴집니다.

그래서일까요? 리더들을 대상으로 강의를 하면서 알게 된 가장 큰 불만 중에 하나가 직원들의 보고서였습니다. 핵심이 잘 보이게, 정리해서 가져오면 좋겠다고 하소연합니다. 구체적으로는 '4가지가 없는 보고서'는 오래 보고 있기 힘들다며 입을 모아 이야기합니다.

[상사들이 이야기하는 4가지 없는 보고서]

1) 논리성 이슈

- 전체적인 흐름이 연결되어 있지 않음
- 의견이나 주장만 있고, 그에 대한 근거가 없음

2) 간결성 이슈

- 핵심은 없고, 하고 싶은 말이 너무 많음
- 내용이 정리되어 있지 않음

3) 표현력 이슈

- 문장 표현이 모호하고 어려움
- 자신의 생각은 없고 정보들만 잔뜩 늘어놓음

4) 구체화 이슈

- 구체적인 실행 계획이 없음
- 검토 후, 결정 사항이 뭔지 모르겠음

비록 언어 유희를 통해 4가지가 없다고 표현하긴 했지만, 어쩌면 상사들은 위 이슈들로 점철된 보고서를 보면서 진짜로 이렇게 말하고 싶을지도 모릅니다.

'보고서 진짜 싸가지 없이 썼네.'

그럼, 좀 더 예의 바르면서도 설득력 있는 보고서를 어떻게 쓸수 있을까요? 구체적인 방법과 스킬은 뒤에서 이야기하고, 이번 장에서는 보고서 작성의 대원칙 세 가지를 이야기하는 것으로 대신하겠습니다.

첫째, 보고서 그 자체로 완결성을 갖춰야 합니다.

- 사장 지시, 이슈 발생, 문제의식, 트렌드 변화 등 무슨 이유로 보고서를 쓰게 되었는지 보고의 목적을 정확히 기술해야 합니다.
- 보고 후에, 수요자가 '그래서, 뭘 어떻게 해야 하는 건가?'라는 의문이 생기지 않도록 수요자의 결정 사항을 명확히 제시해야 합니다.

– 보고서는 실천가능하고 구체적인 방안을 제시하여 보고서 자
  체만으로 더 이상 추가 보고없이 의사결정이 가능해야 합니다.

둘째, 보고서는 간결하고 명확해야 합니다.

– 보고서에 너무 많은 내용을 담으려는 욕심을 자제하고, 수
  요자가 알아야 할 핵심 내용만 간결하게 작성해야 합니다.

– 작성자의 이해관계 및 선입견을 배제하고 모든 관련 사실을 확인
  하여, 수요자의 정확한 판단에 도움이 되도록 작성해야 합니다.

– 특히, 단편적이거나 특정 부서 의견만을 반영하지 않고, 과
  거 사례 및 타 부서 의견 등을 포괄적으로 검토해야 합니다.

– 명료한 어휘를 사용하고, 단어의 지나친 압축으로 본래 뜻
  이 왜곡되지 않도록 해야 합니다.

셋째, 보고서는 상대방 입장에서 씁니다.

– 보고서는 수요자의 눈높이에 맞춰 작성하며, 전문용어나 어
  려운 한자, 불필요한 외래어 등의 사용을 지양하고 예시, 사
  례, 그래프, 그림 등으로 보고서의 가독성을 높여야 합니다.

– 작성자는 작성 내용을 충분히 이해하고 써야 하며, 작성자
  가 이해하지 못한 내용은 보고를 받는 사람도 이해할 수 없
  음을 명심해야 합니다.

– 보고 전, 수요자의 입장에서 의문 사항을 체크하고, 보고서
  가 이에 대한 답을 제시하고 있는지 점검한 뒤 보고서를 작
  성해야 합니다.

세상에는 다양한 유형의 보고서가 존재합니다. 회의보고서, 회의계획서, 출장보고서, 품의서, 기안서, 상황보고서, 정보보고서, 현황보고서, 상품기획서, 서비스 제안서 등 아마 억만 개(?) 정도는 되지 않을까요?

수많은 유형의 보고서를 정리하기 위해 기준이 필요했습니다. 그래서 저는 시간 관점에 따라 결과(과거), 현황(현재), 기획(미래) 보고서로 구분해 보았습니다. 비록 모든 조직에 통용되는 분류는 아니겠지만, 어느 정도 보고서 유형을 정리하기에는 충분하다고 생각합니다.

구분	결과 보고서	현황 보고서	기획 보고서
시점	과거	현재	미래
정의	이미 수행한 일에 대한 보고서	현재 수행하고 있는 일에 대한 보고서	향후 수행할 일에 대한 보고서
주요 내용	업무 개요, 주요 성과, 개선사항, 향후 일정 등	실적/이슈, 현황, 시사점, 조치사항 등	배경, 현황, 과제, 일정, 예산, 추진체계, 목표, 기대효과 등
종류	회의결과보고서, 출장보고서, 업무 추진결과보고서, 고객만족도 조사 결과보고서 외	시장/매출현황 보고서, 클레임현황보고서, 소비자동향보고서, 경쟁현황보고서 외	사업 계획서, 프로젝트보고서, 서비스 제안서, 상품 기획서, IT시스템 개발 기획서 외

다시 고민에 빠집니다. 수많은 보고서에 대한 내용을 다루기에는 제 전문성이 부족하기 때문입니다. 가장 중요한 보고서가 뭘까 생각해 봤습니다. 결론은 '기획 보고서'였습니다. 현황을 바탕으로, 계획을 수립하고, 미래 결과를 예측하는 종합 예술과도 같은 보고서이기 때문입니다. 조직을 운영함에 있어 가장 중요하고 난도가 높은 보고서로 판단됩니다. 개인적으로는 본인의 역량을 가장 잘 뽐낼 수 있는 보고서라고 생각합니다.

물론 상대적인 어려움은 있으나, 기획 보고서라는 장벽을 넘는 순간 더 이상 보고서 작성의 어려움은 사라지고 자신감이 그 자리를 대신할 것이라 믿습니다.

다음에는 좀 더 구체적이고 실질적인 보고서 작성법에 대해서 알아보도록 하겠습니다.

내가 말하고 싶은
순서가 아니라,
상대방이 궁금한 순서로

보고서의 연결된 흐름을 관리하자

혹시 보고서를 쓰는 목적에 대해서 생각해 보신 적 있나요? 아마 보고서를 왜 써야 하는지 그 이유를 생각한 뒤 보고서를 쓰는 사람은 많지 않을 것입니다. 대부분 누가 시켜서 쓰거나, 써야 하니까 쓰기 때문이죠. 강의 중에 같은 질문을 해보면, 교육생 대부분이 둘 중 한 가지 대답을 합니다.

"실행하기 위해서 쓴다."
"설득하기 위해 쓴다."

사실 둘 다 맞는 말입니다. 기획을 보고서로 정리하는 이유는 어떤 일이나 과제를 '실행'하기 위함이죠. 하지만 그 전에 상사나 의사결정자를 설득해서 통과하지 못하면 실행은 언감생심이며, 보고서가 갈 곳은 책상 서랍 밖에 없습니다. 그런 의미에서 보고서 작성의 1차 목적은 설득이라고 할 수 있습니다. 이 점에 초점을 맞춰야 좋은 보고서를 쓸 수 있습니다. 그래서 혹자는 보고서를 '설득 게임'이라고 하기도 하죠.

그럼 어떻게 해야 상대방을 설득할 수 있을까요? 단순한 아이디어나 정리되지 않은 생각으로는 상대방을 설득하기 어렵습니다. 이러한 보고서 앞에서 상사는 이런 말 밖에 할 수 없습니다.

"일목요연하게 정리할 수 없어요?"
"이 내용은 여기 왜 들어가 있는 거죠?"

"이런 내용은 왜 빠져있는 거죠?"

보고서에는 시작부터 끝까지 읽히는 A-B-C-D의 일목요연한 흐름이 있어야 하는데, 많은 보고서가 A-C-B-D, 혹은 C항목이 빠진 A-B-D 등과 같은 흐름으로 전개됩니다. 상사의 눈에 곱게 보일 리가 없죠. 따라서 보고서 작성에는 설득에 필요한 논리를 갖춰서 접근해야 합니다.

이때 설득에 필요한 논리이자 흐름을 '스토리'라고 합니다. 사람에 따라 '뼈대', '얼개', '틀' 등으로 부르기도 하지만, 저는 생각의 연결성을 강조하기 위해서 스토리라는 표현을 쓰겠습니다.

그럼 상대방을 설득하기 위한 스토리를 어떻게 만들 수 있을까요?

방법은 생각보다 간단합니다. 상대방이 궁금해하는 내용에 '촉촉' 답해가는 순서로 작성하면 됩니다. 상대방이 머릿속에 띄운 "?"에 나의 생각과 정보들을 결합해 '!'로 답하는 겁니다.

그럼 다시 질문을 옮겨 보겠습니다. 보고서 수요자, 특히 상사가 가장 궁금해하는 것은 뭘까요? 물론 수십 수백 가지의 궁금증이 있겠으나, 크게 봤을 때 다음 네 가지를 가장 궁금해한다고 합니다.

[상사의 머릿속에 뜨는 '?']

1. 왜 하는 건데?

2. 뭘 하겠다는 거지?

3. 구체적으로 어떻게 할 거야?

4. 꼭 해야 돼? 효과가 있나?

결국 이 네 가지 질문에 답하는 순서가 보고서의 스토리이자, 목차가 됩니다.

[내가 보고서에 담아 내는 '!']

1. 왜 하냐면요 → Why

2. 뭐 할꺼냐면요 → What

3. 어떻게 할꺼냐면요 → How

4. 그래서 뭐가 좋아지냐면요 → So What

물론 세부적인 목차는 기획의 성격이나 범주에 따라 달라지겠지만, Why-What-How-So What의 3W 1H로 보고서의 큰 틀을 짜면 충분하다고 생각합니다.

그렇다면 위 네 가지 단계에서 [Why & So What]과 [What & How]의 색깔을 두 가지로 달리 표현해 놓은 이유가 뭘까요? 보고서에서 담당하는 역할이 다르기 때문입니다. 우선 Why와 So What은 설득 논리를 담당하게 됩니다. 반면 What과 How 는 실행 논리를 담당하게 되죠. 이때 설득 논리는 의사결정자의 논리라고 하며, 실행 논리는 실무자의 논리라고 합니다.

의사결정자는 실행에 관련된 What과 How도 중요하게 생각하지만 그것보다는 이걸 '왜' 해야 하고, '그래서' 우리 조직이나 고객들에게 어떤 이익을 줄 수 있는지를 좀 더 궁금해합니다. 그래서 이 부분이 제대로 작성되지 않으면 의사결정자의 마음을 움직이기 어렵습니다.

반면 실무자가 강한 영역은 What과 How입니다. 과제가 무엇이고, 과제를 어떻게 세분화하고 구체화하며, 얼마의 예산으로, 언제까지 하겠다는 내용을 풀어내는 부분입니다. 이 영역은 말 그대로 기획이 통과되어 실행될 때 필요한 내용입니다.

이를 좀 더 구체적인 흐름으로 정리하면, 보고서는 다음과 같은 내용으로 구성됩니다.

Why 단계는 보고서의 도입 부분으로 보고서 작성의 목적 및 필요성을 언급합니다. 보통 배경이라는 목차로 쓰고, 경우에 따라 목적이라고 쓰기도 하죠. 현황에는 현재 직면한 상황과 문제를 기술합니다. 마지막으로 이런 문제를 만든 원인을 제시하는 것까지 Why 단계에 해당합니다.

What 단계는 보고서의 본론이자 핵심으로, 문제 해결을 위한 방향성과 추진 과제를 제시하는 부분입니다. 과제라는 목차 대신 대안, 방안, 해결책 등으로 쓰기도 하는데요, 결국 문제 해결을 위해서 해야 할 일의 목록을 기술하는 부분이라고 할 수 있습니다. 때로는 기획의 내용을 한마디로 압축해서 콘셉트를 제시하기도 하지요.

How 단계는 앞서 제시한 과제를 어떻게 실행에 옮길 것인가에 대한 내용입니다. 좀 더 구체적이고 세부적인 내용과 예산, 조직, 일정 등을 제시하며, 과제를 추진하면서 발생할 수 있는 장애요인과 이에 대한 대응방안을 쓰기도 합니다. 추가적으로 성과 관리 계획이나 홍보 계획 등이 포함되기도 합니다.

So What 단계는 보고서의 마무리 단계입니다. 따라서 기획의 목표가 현실적이고 명확하게 기술되어야 합니다. 이때 목표는 '수준+기간'으로 쓰는 것이 좋습니다. 예를 들어 '1년 이내 10% 향상', '5년 이내 영업이익률 2억 달성' 등과 같이 말이죠. 목표 외에 기획을 통해 끼칠 긍정적인 영향력을 정리하여 기대효과로 표현하기도 합니다. 목표는 정량적(수치), 기대효과는 정성적(상황, 노력)으로 작성하면 됩니다.

지금까지 기획 보고서를 3W 1H 흐름으로 정리해 드렸습니다. Why에서 출발해, What으로 핵심을 제시하고, How로 구체화

한 뒤 So What으로 마무리하는 흐름입니다.

세상에 정답이 없듯이 기획서의 순서나 포함요소에도 정석은 있지만 정답은 없습니다. Why-What-How-So What을 기본으로 스스로 가감하여 목차를 설계할 수 있는 능력을 만들어 보시기 바랍니다.

✳ 신입사원에게 필요한 MSG 4

상사의 유형에 따라 추가하면 좋을 기획서 항목

세상에는 참 다양한 상사가 있습니다. 3W 1H의 논리가 통용되는 상사도 있지만, 때로는 추가적인 내용이 필요한 경우도 있죠. 이번에는 상사의 유형에 따른 간략한 공략 팁을 제시해 보고자 합니다.

불안한 상사

상사는 늘 불안합니다. 실패 경험도 많고 책임질 일이 두렵기 때문이죠. 자연스레 내 기획을 마주한 상사의 머릿속에 이런 생각들이 자라납니다.

'체육대회 하다가 비오면 어떻게 하지?'
'아이디어는 좋지만 지역단체 반발이 심할 텐데?'
'일을 추진하다가 사고가 발생하면?'

탁월한 기획자라면 상사가 예상할 만한 불안요소를 찾아서 이에 대한 대응방안을 강구해서 보고서에 담아내야 합니다. 따라서 장애요인과 대응방안, 혹은 리스크 매니지먼트(위험 관리), 컨틴전시 플랜(비상 계획) 등으로 쓸 수 있습니다.

의심이 많은 상사

상사가 제일 싫어하는 보고서 중에 하나가 뜬구름 잡는 이야기, 근거 없는 이야기가 잔뜩 담긴 보고서입니다. 이런 보고서를 읽고 나면 이렇게 물을 수밖에 없습니다.

"근거 있어?"
"다른 방법 조사해 봤어?"

이처럼 의심 많은 상사에게 제출할 보고서에는 타사 사례, 시장 분석, 고객 조사 결과, 사례, 실험 결과, 책 등의 내용을 바탕으로 근거를 제시해야 합니다. 내가 제시한 A안 외에 B안, C안도 고민해 다양한 대안 중에 A를 선택한 비교우위 결과를 기술하는 것도 좋은 방법이지요.

보수적인 상사

상사들은 보수적인 경우가 많습니다. 나이 탓도 있겠지만 그보다는 책임이 무거운 자리이기 때문일 가능성이 큽니다. 게다가 사람은 변화를 수용하기보다 거부하고 저항하는 성향을 가지고 있습니다. 그래서 새로운 제안 앞에 상사들은 늘 망설이며 이런 생각을 합니다.

'과연 될까?'
'할 수 있겠어?'

'성공할 수 있을까?'

이럴 때는 처음부터 크게 시도하기보다는 시범운영 혹은 파일럿 테스트를 해보고 검증이 되면 점차 확대하겠다는 논리로 접근하는 것이 좋습니다. 한 마디로 상사의 심리적 저항을 줄여주는 것입니다. 베타테스트, 시음회, 목업 제품 등을 만드는 이유도 같은 맥락이라고 이해하시면 됩니다.

진취적인 상사

종종 일 욕심이 있거나 거대한 포부를 품은 상사들도 있습니다. 이런 분들이 못 견디는 기획서는 미시적인 계획, 사이즈가 작은 계획입니다. 그런 분들은 내 기획을 검토한 후에 이런 말을 하고는 합니다.

'이게 다야? 더 없어?'
'이거 하자고 나 부른 거야?'

이런 상사의 공격은 중장기 계획 혹은 확장 계획으로 방어할 수 있습니다. 1단계-2단계-3단계 등의 단계적 계획을 보여주는 것도 좋은 방법입니다.

잘 쓴 제목 하나
열 내용 안 부럽다

강력한 마지막 한방, 보고서의 제목

제목의 중요성은 몇 번을 강조해도 지나치지 않습니다. 상사에 따라 보고서 제목만 보고 더 읽을지 말지를 결정하는 경우도 있기 때문입니다. 좋은 보고서 제목의 특징에는 여러 가지가 있지만, 대표적으로 세 가지 특징이 있습니다.

첫째, '제목은 신문의 헤드라인과 같다.'
– 대표성을 띄는 내용으로 작성해야 합니다.
둘째, '제목은 보고서의 첫인상이다.'
– 제목만 보고도 상대방이 읽고 싶게 만들어야 합니다.
셋째, '제목은 알을 품은 닭이다.'
– 보고서 전체 내용을 압축·포괄하고 있어야 합니다.

위에 제시한 특징을 구현하기 위해서, 어떻게 제목을 써야 할까요?

보고서 내용과 마찬가지로 제목을 잘 쓰는 방법에도 정해진 규칙은 없습니다. 다만, 많은 전문가들은 공통적으로 제목을 '간결하게' 쓰라고 권하고 있습니다.

제목은 길고 장황하게 쓰는 것보다는 핵심만 담아 간결함을 유지하는 것이 좋습니다. 하지만, 여기서 오해하지 말아야 할 점은 '간결하게'라는 말이 단순히 '짧게'라는 뜻은 아니라는 겁니다. '간결하게'의 정확한 의미는, '핵심'을 담고 있으면서도 '짧다'는 뜻입니다. 포인트는 '핵심'이지 무조건 '짧게'가 아니라는 거죠.

그럼 다시, 보고서의 핵심은 무엇인지에 대한 질문으로 옮겨가 보겠습니다. 보고서의 핵심은 보고서를 쓰는 목적과 목적을 달성하기 위한 방법입니다. 그래서 간결한 보고서의 제목은 목적+수단을 결합해서 쓰는 것이 가장 좋습니다.

[청년 실업률 감소를 위한] + [고용 정책 개선안]
[귀갓길 여성의 안전을 위한] + [가로등 추가 설치안]
[공장 노동자의 인권 향상을 위한] + [공장 환경 개선 방안]

상황에 따라 순서를 바꿔서 수단+목적으로 쓰는 것도 가능합니다.

[고용 정책 개선을 통한] + [청년 실업률 감소 방안]
[가로등 추가 설치를 통한] + [귀갓길 여성의 안전 향상안]
[공장 환경 개선을 통한] + [공장 노동자의 인권 향상 방안]

아래의 예시를 살펴 봅시다. 왼쪽의 제목이 무조건 나쁘다는 뜻은 아닙니다. 하지만 보고서의 수요자 입장에서는 제목만 보고 '왜 한다는 거지?' 라는 의문을 떨치기 어렵습니다.

짧은 제목	간결한 제목
• A학습 공동체 활동 기획안 • 2023년 상반기 워크숍 추진안 • 축산물 폐기물 처리 개선안 • 국민정책참여제도 운영안	• 학교회계 운용 적정화를 위한 A학급 공동체 활동 기획안 • 직급 간 소통 강화를 위한 2023년 상반기 워크숍 추진안 • 지역경제 활성화를 위한 축산물 폐기물 처리 개선안 • 대국민 소통 활성화를 위한 국민 정책참여제도 운영안

제목에서 궁금증을 유발하는 보고서는 좋은 보고서가 아닙니다. 오른쪽과 같이 목적과 수단을 결합하여 내용을 좀 더 명확하게 드러내는 것이 좋습니다.

이때, 오른쪽의 내용이 다소 길어 보인다면 줄 바꿈과 폰트 크기를 조정해서 표현해 주는 것도 방법입니다.

직급 간 소통 강화를 위한
2023년 상반기 워크숍 추진안

회의실 사용 효율화를 위한
스마트워크센터 회의실 사용 개선안

생활 속 문화융성 실현과 또 하나의 한류를 위한
공예산업 활성화 대책

제목을 목적과 수단으로 쓰는 방법 외에 부제를 통해서, 제목을 보강하는 경우도 있습니다. 제목으로 보고서 전체의 내용을 포괄하기 어려운 경우, '부제'를 통해 제목의 내용을 보강하는 것이죠. 부제를 쓸 때도 여러 가지 방법이 있지만, 저는 아래 세 가지 방법을 추천합니다.

Why 중심의 부제

현황이나 문제의 심각성을 언급하거나, 의문문 형식으로 질문을 던지는 방법입니다.

밀레니얼 세대 유입, 세대 간 소통 이대로 괜찮을까?
조직문화 개선을 위한 워크숍 추진안

적정성평가 신뢰도 점검기간 단축 방안
– 병원 신뢰도 점검에 소요되는 비용만 연간 33억원… 해결방안은?

What 중심의 부제

핵심 과제/중점 추진 사항을 기술하여 보고서의 핵심을 드러
내는 방법입니다.

전통문화 보존과 관리의 효과성 제고 방안
- 5대 추진과제를 통해 전통문화재 공공성 제고 국민 불편 완화

제주시 축산 폐기물 수거 개선 방안
- 시설 투자, 제도 확립, 주민 의식 개선 중심 추진 -

운수용 자동차 교통안전관리 방안
- 안전점검, 교육, 선정기준 위주로 -

So What 중심의 부제

보고서를 통해 달성하고자 하는 구체적인 달성 목표를 제시하는 방법입니다.

국고보조금 부정수급 종합 대책
– 부정수급률 5% 감소 방안 –

수출입 물류 스마트화 추진 방안
– 물류 처리 기간 10일에서 5일로 단축 –

마지막으로, 제목을 쓸 때 주의해야 할 점은 제목의 종결 형태를 통해 보고서의 성격을 명확하게 규정해야 한다는 것입니다. 보고서의 유형을 분류하는 것에는 여러 가지가 있지만, 시간에 따라 결과 보고, 현황 보고, 계획 보고로 구분한다고 앞서 설명드린 적이 있습니다. 이들은 어떤 일을 완료하고 쓰는 결과 보고서, 현재 진행 중인 내용에 대한 현황 보고서, 앞으로 뭘 하겠다는 내용의 기획 보고서로 그 성격을 달리합니다.

– A 프로젝트 추진 결과 보고 :

이미 종료된 A 프로젝트의 성과와 개선사항, 향후 추진계획 등

– A 프로젝트 추진 현황 보고 :

　현재 진행되고 있는 A 프로젝트의 상황, 이슈, 대응 방안 등에 대한 내용

– A 프로젝트 추진 계획 보고 :

　보고서를 쓰게 된 배경, 추진 내용, 세부 실행계획, 예상 성과 등

이를 무시하고 보고서 제목에 'A 프로젝트 추진 보고'라고만 쓴다면? 수요자 입장에서는 이런 생각이 들 수 있습니다.

'이걸 하겠다는 건지, 했다는 건지, 하고 있다는 건지?'

상대방에게 '?'를 남기는 것은 좋은 제목이 아닙니다. 보고서의 첫인상을 결정하는 제목부터 꼬이면 그 끝이 좋을 리 만무하겠죠? 상대방에게 결과인지, 현황인지, 계획인지 등으로 명확하게 구분해서 쓴다면 그 모호함은 조금 더 줄어들지 않을까 합니다.

생각이 많은 것은 득인데, 정리가 안 되면 독이다

낱개가 아닌 덩어리로, 구조화 표현

혹시 그림 제일 위쪽에 산발적으로 흩어져 있는 점들이 모두 몇 개인지 세어보라고 하면 어떨까요? 아마 쉽게 맞추기 어려울 것입니다. 반면 왼쪽 아래 점의 개수는 좀 더 쉽게 셀 수 있습니다. 가장 쉽고 빠른 방법은? 오른쪽처럼 덩어리로 묶어서 보여주는 것이죠.

어떤가요? 102개의 점이 명확하게 보이지 않나요?

이런 점의 배열은 보고서 내용을 기술하는 세 가지 방식을 비유적으로 표현해 놓은 것입니다. 각각 '서술식', '개조식', '구조화' 표현을 의미하지요.

서술식 표현   개조식 표현   구조화 표현

서술식 표현은 주로 책이나 논문에서 쓰는 방식으로, 문장을 상세히 길게 쓰는 것을 말합니다. 반면 개조식은 기업이나 기관에서 주로 사용하는 방식으로, 문장을 2줄 이하로 간결하게 쓰는 방법입니다.

이 중 보고서 문장 기술 방법으로 가장 고도화된 표현은 바로 구조화 표현이라고 할 수 있습니다. 낱개의 문장 대신, 크게 묶은 덩어리를 보여주는 방식입니다.

남의 편을 찾을 것인가? 남편을 찾을 것인가?

배우자 선택 시 고려사항

내가 원하는 이상형의 조건은 외모나 키도 고려해야 하고, 성격이나 친구관계도 좋아야 하고, 직업이랑 경제적인 능력은 있는지, 모아둔 돈은 좀 있는지도 중요함. 마지막으로 건강이랑 종교는 있는지도 고려대상임

도대체 뭔 소리야?

위 내용에서 배우자 선택 시 고려사항이라는 제목 아래 길게 늘여 쓴 글이 보이시나요? 이런 방식을 서술식 표현이라고 합니다. 장황해서 읽기도 어렵고 이해하기 힘들죠.

남의 편을 찾을 것인가? 남편을 찾을 것인가?

배우자 선택 시 고려사항

- 외모는 어떠한가
- 키는 얼마인가
- 성격은 어떠한가
- 경제적인 능력은 있는가
- 몸은 건강한가
- 종교는 있는가
- 직업은 무엇인가
- 친구관계는 어떤가

뭔 소린지는 알겠는데, 기억이 잘 안나네.

여기서 한발 나아간 방식이 바로 개조식 표현입니다. 단문으로 짧게 끊어 쓰고, 문장 앞에 번호나 글머리 기호를 붙이는 방식이죠. 이렇게 쓰면 좀 더 깔끔해 보이고, 보는 사람도 편하게 느낍니다. 하지만, 문장이 너무 많고 나열되어 있다 보니 기억하기 어렵습니다.

남의 편을 찾을 것인가? 남편을 찾을 것인가?

배우자 선택 시 고려사항

1. 외적인 부분
   - 외모는 어떠한가
   - 키는 얼마인가
   - 몸은 건강한가

2. 사회성 부분
   - 성격은 어떠한가
   - 종교는 있는가
   - 친구관계는 어떤가

3. 경제적인 부분
   - 경제적인 능력은 있는가
   - 직업은 무엇인가

아하?! 명쾌하네!

마지막, 구조화 표현입니다. 낱개가 아니라 덩어리로 표현하는 방식입니다. 공통된 내용들을 묶어서 상위 카테고리로 정리해서 큰 틀을 보여주는 것이죠.

상위에 있는 큰 틀을 먼저 제시하고, 이 틀을 상대방 머릿속에 자리잡게 한 후에 세부 정보들을 설명해 나가면 상대방이 이해하기도 쉽고, 기억하기도 편합니다. 세세한 내용 이전에 [외적인 부분], [사회성 부분], [경제적인 부분]이 한눈에 들어오지 않나요?

우리 뇌는 인지적 구두쇠에 비유됩니다. 구두쇠는 뭘 잘 안 쓰고 아낀다는 단어죠. 그렇다면 인지적 구두쇠는? 뇌가 생각하거나 사고하는 데 뇌의 에너지를 아낀다는 뜻입니다.

그럼, 상사의 입장으로 돌아가 보겠습니다. 앞서 우리의 상사들은 어떤 사람들이라고 했죠? 아무것도 안 하는 사람 같지만, 생각보다 바쁘고 머릿속이 꽉 차 있는 사람이라고 했습니다. 따라서 내가 내민 보고서의 내용이 길고 복잡하다면, 상사의 뇌는 자연스레 인지적 구두쇠 성향을 발동합니다. 보고서의 내용을 보기 위해 에너지를 쓰는 것을 멈추고, 시간과 노력을 들여 보고서를 작성한 내 영혼이 탈탈 털릴 위기에 처하는 것입니다. 이때 영혼 탈출을 방지할 수 있는 가장 좋은 방법이 구조화된 표현을 쓰는 것입니다.

상사는 내 기획서를 읽고 싶어하지 않습니다. 보고 싶어합니다. 딱 봤을 때 한눈에 내용 파악이 되길 원합니다. 구조화된 표현으로 그림 그리듯이 내용을 전달하는 방법이 가장 효과적인 이유입니다.

키워드냐 문장이냐 그것이 문제로다

구조화 표현의 두 가지 방법

앞서 이야기한 구조화 표현에 대해서 좀 더 이야기해 보도록 하겠습니다. 낱개가 아니라 덩어리로 표현하는 것의 중요성은 전했지만, 구체적인 방법을 이야기하지 않았거든요. 지금부터는 구조화 표현의 구체적인 방법에 대해서 설명하도록 하겠습니다.

서술식 표현

■ 교육 센터 개선방안

현재 영업 사원 교육을 위한 교육 센터에 대한 문제가 제기되고 있다. 이에, 곳곳에 산재되어 있는 교육 센터를 한곳으로 모으고, 교육을 관장하는 컨트롤 타워도 일원화하여 업무의 효율성을 달성하고자 한다. 또한 낙후되어 있는 강의 시설(책상, 의자, 빔 등)도 새것으로 교체하기로 한다. 강의 자료도 지금 시대에 맞지 않는 옛날 자료로, 최신 강의 콘텐츠로의 업그레이드가 필요하다. 교육 센터 내 인력관리시스템을 구축하여 정확한 업무 분장 및 관리를 추진한다. 설문조사 결과 내부 강사만 활용하다 보니 강의의 전문성이 떨어진다는 지적도 있어서 외부 강사도 적극 활용하고자 한다. 마지막으로 요즘 세대들이 좋아하는 카페테리아를 북카페 형식으로 구성하여 책도 보고 휴식도 취할 수 있는 공간을 추가한다.

먼저, 구조화 사고 능력이 없는 사람이라면 위 내용과 같이 서술식 방식으로 표현할 것입니다.

개조식 표현

■ 교육 센터 개선방안

– 교육을 관장하는 컨트롤 타워를 일원화하여 업무의 효율성 추구

– 교육 센터 내 인력관리시스템을 구축하여 정확한 업무 분장 및 관리

– 곳곳에 산재되어 있는 교육 센터를 한곳으로 통합

– 낙후되어 있는 강의 시설(책상, 의자, 빔 등)도 새것으로 교체

– 카페테리아를 북카페 형식으로 구성하여 독서 및 휴식을 취할 수 있는
   공간 마련

– 외부 전문강사 강의 프로그램 도입

– 최신 강의 콘텐츠로 업그레이드

서술식 표현 대신 개조식으로 표현하는 사람도 있습니다. 하지만, 구조화 표현 능력을 갖춘 사람이라면 낱개가 아니라 덩어리로 보여주는 방식을 선택하겠죠?

구조화 표현

■ 교육 센터 개선방안

○ 인력

   – 교육을 관장하는 컨트롤 타워를 일원화하여 업무의 효율성 추구

   – 교육 센터 내 인력관리시스템을 구축하여 정확한 업무 분장 및 관리

○ 환경

　– 곳곳에 산재되어 있는 교육 센터를 한곳으로 통합

　– 낙후되어 있는 강의 시설(책상, 의자, 빔 등)도 새것으로 교체

　– 카페테리아를 북카페 형식으로 구성하여 독서 및 휴식을 취할 수 있
　　는 공간 마련

○ 콘텐츠

　– 외부 전문강사 강의 프로그램 도입

　– 강의 자료도 지금 시대에 맞지 않는 옛날 자료로 최신 강의 콘텐츠로
　　의 업그레이드

[인력], [환경], [콘텐츠] 등 단어 위주로 큰 틀을 정리해 주는
것이 '키워드형' 구조화 방식입니다. 반면 하위 내용을 압축·
요약해서 '문장형'으로 정리하는 방식도 있습니다.

■ 교육 센터 개선방안

○ 인력관리시스템 구축 및 컨트롤 타워 일원화

　– 교육을 관장하는 컨트롤 타워를 일원화하여 업무의 효율성 추구

　– 교육 센터 내 인력관리시스템을 구축하여 정확한 업무 분장 및 관리

○ 교육 센터 통합 및 시설 최신화 도모

　– 곳곳에 산재되어 있는 교육 센터를 한곳으로 통합

　– 낙후되어 있는 강의 시설(책상, 의자, 빔 등)도 새것으로 교체

- 카페테리아를 북카페 형식으로 구성하여 독서 및 휴식을 취할 수 있는 공간 마련

○ **실질적이고 트렌드에 맞는 콘텐츠 제공**
  - 외부 전문강사 강의 프로그램 도입
  - 강의 자료도 지금 시대에 맞지 않는 옛날 자료로 최신 강의 콘텐츠로의 업그레이드

두 가지 방식 모두 낱개로 표현하는 것보다는 좋은 표현 방식입니다. 하지만, 이 두 가지 방식 중에 굳이 우열을 따지자면 저는 문장형 방식을 좀 더 추천합니다. 상사들이 더 선호하기 때문이지요. 왜 그럴까요?

키워드형의 경우 뭔가 더 정리된 느낌은 있지만, 보는 사람이 하위 내용까지 모두 읽어야 하는 수고로움이 따릅니다. 반면 문장형의 경우, 하위 메시지를 포괄하면서 요약된 형태로 제시하기 때문에 보는 사람이 상위 메시지만 읽고 넘어가도 충분히 이해가 됩니다. 상대방에게 선택권을 주고, 시간도 절약해 주는 방식이라고 할 수 있습니다.

요즘은 둘 간의 장단점을 보완한 '결합형'도 많이 활용합니다. 괄호 표현을 활용해서 괄호 안에 핵심 키워드를 쓰고, 그 옆에 문장을 결합해 [키워드+문장형]으로 정리하는 방식입니다. 가장 효과적인 구조화 방식이라고도 볼 수 있겠지요.

■ 교육 센터 개선방안

○ [인력] 인력관리시스템 구축 및 컨트롤 타워 일원화

 – 교육을 관장하는 컨트롤 타워를 일원화하여 업무의 효율성 추구

 – 교육 센터 내 인력관리시스템을 구축하여 정확한 업무 분장 및 관리

○ [환경] 교육 센터 통합 및 시설 최신화 도모

 – 곳곳에 산재되어 있는 교육 센터를 한곳으로 통합

 – 낙후되어 있는 강의 시설(책상, 의자, 빔 등)도 새것으로 교체

 – 카페테리아를 북카페 형식으로 구성하여 독서 및 휴식을 취할 수 있
  는 공간 마련

○ [교육] 실질적이고 트렌드에 맞는 콘텐츠 제공

 – 외부 전문강사 강의 프로그램 도입

 – 최신 강의 콘텐츠로 업그레이드

구조화 표현 역시 정답은 없습니다. 내가 정리하기 쉬운 방식, 그리고 상사가 더 선호하는 방식을 파악하여 적절하게 활용해 보시기 바랍니다.

상사의 인지적 구두쇠 성향을 타파하자

3의 법칙과 브랜딩 표현

우리는 종종 순서를 정하거나 결판을 지을 때 가위바위보를 합니다. 가위바위보만큼 편하고 간결한 게임이 있을까요? 그런데, 가끔 이 게임을 하다 보면 한 가지 의문이 들 때가 있습니다.

'왜 하필 가위, 바위, 보 세 가지일까?'

숫자 3에 뭔가 특별한 의미가 있는 것은 아닐까 고민하던 저는 3이 가진 의미를 본격적으로 찾아보게 되었습니다.

예로부터 숫자 3은 엄마, 아빠, 아이의 완벽한 구성을 의미하며 전체를 규정하는 안정적인 숫자로 활용되어 왔습니다. 그래서일까요? 세상을 둘러보니 뭔가 전체를 규정하는 합이 3가지로 구성되어 있는 것이 꽤 많았습니다.

입법부, 행정부, 사법부의 삼권분립이나 성부, 성자, 성령의 삼위일체, 거리 위 신호등의 세 가지 색, 금은동 올림픽 메달은 물론, ABO식 혈액형 구분이나 색의 3원색 등 일일이 열거할 수 없을 정도로 세상에는 세 가지로 구성되어 있는 것이 많이 있습니다. 그만큼 3이 안정감을 주고, 전체를 규정함에 있어 부족함이 없는 숫자라는 의미겠지요.

사람은 기본적으로 정보를 받아들일 때, 1개나 2개의 정보가 유입되면 '적다', '부족하다'는 생각을 하게 된다고 합니다. 뭔가 더 있을 것 같은 기대감에 의심이 들기 시작하는 거죠. 반면 4개

이상의 정보가 유입되면 '많다', '복잡하다'는 생각이 든다고 합니다. 기억하기도 어렵습니다. 적지도 많지도 않은 숫자가 바로 3입니다. 그래서 기획이나 컨설팅 업계에서는 3을 '적음의 끝'이자, '많음의 시작'을 의미하는 숫자라고 하며 Perfect Number 혹은 Magic Number 3라고 규정하며 자주 활용하고 있습니다.

숫자 3은 전체를 규정함에 있어 부족함이 없는 안정적인 숫자, 적지도 않고 많지도 않은 균형 잡힌 숫자의 의미를 가지고 있습니다. 이것이 3의 법칙에 대한 정의입니다. 법칙을 알았으니 이제 보고서에 적용할 일만 남았네요. 앞서 소개한 구조화 표현에 3의 법칙을 적용해 보는 거죠.

낱개가 아닌 덩어리로 구조화 표현을 할 때, 구조화의 틀을 3개로 제시해 봅시다. 물론 필요에 따라 2개나 4개로 구조화를 해도 되지만, 가급적 3개로 구조화하는 습관을 들여 봅시다. 3이 가진 특성으로 인해 내 보고서의 설득력이 올라갈 테니까요.

[보고서를 잘 쓰는 방법]

- '왜'라는 질문으로 시작하기
- 3W 1H로 규칙을 가지고 순서 정하기
- 보고서의 제목으로 화룡점정 찍기
- 도해화 표현으로 가독성 높이기
- 데이터 시각화 표현 기법
- 구조화 사고로 생각 정리하기
- 정확하고 간결한 문장 표현법
- 미시 사고로 누락과 중복 점검하기
- 3의 법칙과 브랜딩 표현 적용하기

[보고서를 잘 쓰는 방법]

❶ 보고서는 나열이 아닌 배열

- '왜'라는 질문으로 시작하기
- 3W 1H로 규칙을 가지고 순서 정하기
- 보고서의 제목으로 화룡점정 찍기

❷ 보고서는 낱개가 아닌 덩어리

- 구조화 사고로 생각 정리하기
- 미시 사고로 누락과 중복 점검하기
- 3의 법칙과 브랜딩 표현 적용하기

❸ 보고서는 생각 표현능력

- 정확하고 간결한 문장 표현법
- 도해화 표현으로 가독성 높이기
- 데이터 시각화 표현 기법

3의 법칙을 알게 된 이상, 소위 '좀 쓴다는' 사람들의 보고서를 볼 때 숫자 3이 눈에 많이 들어오는 것을 느끼시게 될 겁니다. 아는 만큼 보이는 법이니까요.

아래 보고서는 교육부에서 작성한 것으로, 작년 한 해 교육 성과를 정리했습니다. 여러 가지 성과가 단순 나열 대신 구조화된 표현으로 정리가 되어 있지요. 특히 구조화의 큰 틀을 3가지로 정리한 점이 눈에 들어올 것입니다.

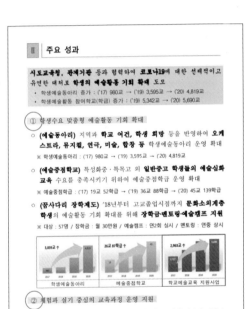

> ○ **(콘텐츠)** 문체부, KERIS, 교과연구회, 현장교원 등과 협력하여 학교 현장 적합성 및 활용도 높은 **온라인 콘텐츠**(20.3~, 개발 11종 및 우수콘텐츠 234종 목록), **교수학습 아이디어**(20.3~), **수업사례 영상**(20.4~, 32종) 등 **개발·보급**
>
> ※ ('19) 사례영상 17종 → ('20) 미술 감상 실감형 콘텐츠 3종 및 사례영상 94종, 문체부와 공동으로 학교문화예술교육 콘텐츠 8종 등 보급
>
> ○ **(공모전)** 학교·교원의 **예술교육 우수사례**를 발굴하고 **동영상으로 제작**(15종)하여 **포털·유튜브* 및 성과보고회**에서 **공유·확산**(~12월)
>
> * 학교예술교육중앙지원단 포털 사이트 및 유튜브 채널 운영 중
>
> * 공모전 수상: ('18) 44건(응모118) → ('19) 51건(응모138) → ('20) 49건(응모112)
>
> ③ 학교가 중심이 되는 지역연계 강화
>
> ○ **(교육기부 거점대학)** 3개 권역별 대학을 중심으로 **교육청 및 학교 수요**를 반영한 **등교·원격수업 지원, 찾아가는 진로 콘서트, 예술 동아리 콘텐츠 개발·**보급 등 맞춤형 학교예술교육 지원(연중)
>
> ※ '20년의 경우, 코로나19에 따른 맞춤형 지원을 위해 동아리 콘텐츠 3종 개발 보급
>
> ○ **(우리동네 예술터 앱)** 지역예술자원지도 **앱을 배포**(20.4)하고, 이용자 **활용 편의성 증진**을 위한 **기능 개선** 및 **정보 현행화**(~'20.12)
>
> ※ 교육부-문체부 업무협약(19.2) → 앱 개발 및 보급(~'20.4) → 기능 개선(~'20.12)
>
> ○ **(지역연계 모델 연구)** 학교의 **등교·원격수업 수요**에 따른 **지역사회 연계 예술교육 모델**을 **개발·운영**(초등4, 중등3) 중이며, 학교별 **사례 영상 제작·공유**(예: 유튜브, 워크숍, 성과보고회) 등으로 **전국 단위 확산** 도모(11.27~)
>
> ※ 지역 내 예술단체, 예술가 등과 연계하여 ▸학생 대상 교육프로그램, ▸교원 역량 강화 연수, ▸지역협력 네트워크 구축 등 다양한 지역연계 모델 운영
>
> ※ 교육부·교육청 합동컨설팅, 온·오프라인워크숍 등으로 일반학교 보급 가능한 모델 발굴지원

구조화 표현을 좀 더 세련되게 할 수 있는 방법으로 '브랜딩 표현'이라는 것도 있습니다. 여러분들은 이미 브랜드가 가지는 힘을 잘 알고 있을 겁니다. 비슷한 재질, 디자인이라고 할지라도 시장에서 사면 5만 원인 가방이 백화점 브랜드라면 500만원이 넘어갑니다.

마찬가지로 구조화 표현에도 브랜딩을 적용할 수 있습니다. 언어의 맛을 살리는 표현을 통해 기억하기 쉽고, 좀 더 그럴듯하게 구조화하는 겁니다. 세 가지 방법을 추천합니다.

첫 번째 방법은, 운율을 맞추는 것입니다. 아래 내용을 보면, 2020년 경영 전략 방향을 제시함에 있어 '~로'라는 운율을 맞추어 표현했습니다. 읽기 편하고 이해하기도 쉽지 않나요? 입에 착 붙으면서 기억하기 쉬운 브랜딩 표현이 완성됐습니다.

■ 밀레니얼 시대를 대비한 2020년 경영 전략

[세계로] 국내 화학 산업 인프라를 기반으로 중동/아시아 시장 진출

－

－

[미래로] 4차 산업 및 인공지능을 활용한 신사업 개발로 미래 성장 동력 확보

－

－

[고객으로] 최종 소비자에 대한 관찰과 경험을 통한 제품 및 서비스 개선 방안 마련

－

－

두 번째 방법은 특정한 단어를 의도적으로 반복함으로써 그 의미를 좀 더 강하게 표현하는 방법입니다. 아래 보고서의 경우 의도적으로 '협업'이라는 핵심 키워드를 반복해서 협업의 의미를 강조하고 있습니다.

○ 소통과 협업을 통한 창의적인 제품 및 서비스 제공 방안 마련
 - (내부협업) 유관 부서와의 협업으로 고객 이슈 발생시 종합적이고 입체적인 대응
   ·
   ·
 - (외부협업) 외부 전문가 및 커뮤니티와의 협업을 통해 제품/서비스 전문성 확보
   ·
   ·
 - (정부협업) 관계부처의 정책 및 제도 연구를 통해 안정적인 사업 기반 마련
   ·
   ·

마지막은, 영어적인 표현입니다. 임직원들의 역량을 향상시키기 위해서는 '태도, 행동, 역량 측면에서의 개발이 필요합니다'라고 말하는 대신, '역량 개발을 위한 ABC, Attitude, Behavior, Competency'라고 말하는 것이죠.

실제 모 공공기관의 보고서에서도 일 잘하는 방법을 아홉 가지로 나열한 것이 아니라, 세 가지로 구조화해서 표현했습니다. 크게 3개의 덩어리인 Simple, Smart, Soft라고 나눈 뒤 S로 표현했습니다. 이를 다시 정리해서 '일 잘하는 3S'로 표현하니 이해하기도 쉽고 기억하기도 편한 멋진 브랜딩 표현이 만들어졌습니다.

같은 내용을 담고 있어도 정리 방식에 따라 보고서의 수준은 얼마든지 달라질 수 있습니다. 3가지로 정리하는 습관, 브랜딩 표현 등 소위 '있어빌리티' 능력이 추가된 보고서로 상사라는 장벽을 좀 더 쉽게 넘을 수 있을 것입니다.

✹ 신입사원에게 필요한 **MSG 5**

숫자 3의 마력을 활용하기

3의 법칙은 비단 보고서 내용 구조화에만 활용되지 않습니다. 평소 업무 수행이나 간단한 보고를 하는 경우에도 세 가지로 정리하고 말하는 것을 통해 업무력을 높일 수 있습니다.

많은 이야기를 하고 싶은 마음을 누르고, 딱 잘라서 세 가지로 말하는 것입니다.

"핵심은 3가지입니다."

"이 상품의 특징은 3가지입니다."

"A 시장 진출의 근거를 3가지 측면에서 분석해 봤습니다."

프레젠테이션의 대가이자 스피치의 달인으로 불렸던 스티브 잡스도 3의 법칙을 잘 활용한 인물이었습니다. 특히 명불허전 이라 불리는 스탠퍼드 대학의 졸업식 축사에서 그 면모가 잘 나타납니다.

대학을 나오지 못한 스티브 잡스가 미국 최고의 명문 스탠퍼드 대학의 졸업식장에 섰습니다. 큰 영광이자 기회이기에 졸업생 들에게 하고 싶은 말이 많았을 것입니다. 하지만 스티브 잡스 는 다음과 같은 문장으로 연설을 시작했습니다.

"Today I want to tell you 3 stories from my life. That's it. No big deal. Just 3 stories(오늘 저는, 여러분께 제 인생에 대한 세 가지 이야기를 해볼까 합니다. 대단한 이야기는 아닙니다. 딱 세 가지입니다)."

그리고 나서 그는 'Connecting the dots(삶의 연관성)', 'Love and Loss(사랑과 이별)', 'Death(죽음)'에 관한 세 가지의 이야기로 연설을 마무리했습니다. 물론 연설의 내용도 좋았지만, 많은 것을 말하지 않고 딱 세 가지만 이야기했기에 더 많은 사람들이 기억하는 명연설이 될 수 있었던 건 아닐까요?

일상생활에서도 3의 법칙은 여지없이 그 효과를 발휘합니다. 다음은 중학교 1학년이 된 조카가 반장 선거를 앞두고 저에게 자문을 구해서 작성한 출마 선언문입니다. 저는 조카에게 많은 이야기를 하지 않고, 딱 한 가지만 이야기해줬습니다.

"태웅아, 많은 걸 하겠다는 것은 아무것도 하지 않겠다는 이야기로 들릴 수 있어. 3의 법칙을 적용해서 딱 세 가지만 공약으로 이야기해봐."

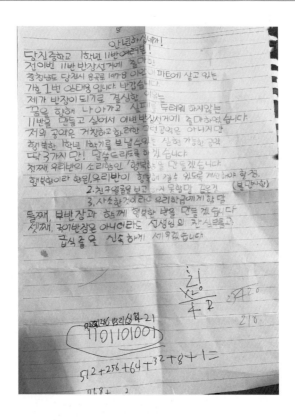

그렇게 임태웅 군은 당진중학교 1학년 11반 반장이 되었습니다. 모르긴 몰라도 3의 법칙이 조금은 기여하지 않았을까요?

"

같은 내용을 담고 있어도 정리 방식에 따라
보고서의 수준은 얼마든지 달라질 수 있습니다.

"

좌뇌가 아닌 우뇌를
공략하자

보고서의 시각적 표현, 도해화

보고서는 상대방 입장에서 써야 한다고 말씀 드린 것 기억하시나요? 이때 상대방은 주로 팀장이나 부서장, 아니면 더 높은 임원급일 수도 있습니다. 그럼, 여기서 잠깐 상대방의 머릿속을 들여다 보도록 하겠습니다. 겉으로는 여유 있어 보이지만, 사실 이들의 머릿속은 생각보다 복잡합니다.

아침부터 올라온 실적자료, 검토해야 할 회의 자료, 상반기 마케팅 이벤트 결과 보고서 등 수많은 자료와 정보들로 가득 차 있습니다. 복잡한 숫자와 빼곡한 텍스트 중심의 문서로 이미 상대방의 뇌는 지쳐 있는 상태이지요.

이런 상대방의 뇌에 군이 내 보고서로 카운터 펀치를 날릴 필요는 없습니다. 빈틈 없는 텍스트, 빼곡한 숫자로 가득 찬 보고서를 들이밀어 좋을 게 없다는 거죠. 그렇다면 이미 뇌의 용량이 꽉 찬 상대방의 좌뇌를 공략하는 방식이 아니라, 상대적으로 여유 있는 우뇌를 쿡 찌르고 들어가는 건 어떨까요?

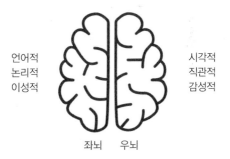

언어적
논리적
이성적

시각적
직관적
감성적

좌뇌　　우뇌

어떻게 하냐구요? 의외로 간단합니다. 텍스트 중심의 복잡한 내용을 도해로 정리해서 표현하면 상대방의 우뇌를 자극하면서 전달력이 올라가게 됩니다. 이를 도해화 표현 혹은 도식화 표현, 도형 표현이라고도 합니다.

▶텍스트, 나열, 복잡, 좌뇌 자극

○단계별 세부 내용
- (접수) 정상적으로 접수되었음을 안내하는 SMS 문자 발송과 함께 심사 관할 부서의 예상 처리 소요기간을 안내하고, 고객이 궁금해하는 내용과 관련된 기존 심사정보를 제공함으로써 고객입장에서의 예측력을 제고
- (필요자료 접수) 심사위원 자문 의뢰, 요양기관의 비협조 등으로 발생하는 심사 지연에 대한 사유 등 중간처리상황을 SMS로 안내함으로써 처리의 투명성 제고
- (심사결과 통보) 유선안내 외, SMS로 한 번 더 안내함으로써 전화통화가 어려운 고객의 만족도 제고
- (환불금 지급) 기존과 동일하게 환불계좌입력 화면 경로 등 유선 안내
- (만족도 조사) 서비스를 이용한 고객에 대해 분기별로 만족도를 조사하여 처리상황별로 만족도 변화 추이를 분석하고, 추후 서비스 재이용 시 참고자료로 활용
- (만족도 사후관리) 우호고객, 보통고객, 비우호고객, 악성민원인 등 4개 유형으로 분류하여 추후 기념품 제공 내용과 민원응대 시 차별적 접근

▶도형, 정리, 간결, 우뇌 자극

○단계별 세부 내용

접수 〉 처리 〉 통보 〉 만족도 조사

- (접수) 정상적으로 접수되었음을 안내하는 SMS 문자 발송과 함께 심사 관할부서의 예상처리 소요기간을 안내하고, 고객이 궁금해하는 내용과 관련된 기존 심사정보를 제공함으로써 고객입장에서의 예측력을 제고

보고서에서 자주 등장하는 도해화 표현은 크게 네 가지, 변화형, 프로세스형, 테이블형, 관계형으로 정리할 수 있습니다.

첫 번째는 변화형 패턴입니다. 보고서를 쓰는 이유 중 하나는 현재 상황을 좀 더 나은 상황으로 바꾸기 위함입니다. 이때, [과거] → [현행], [As is] → [To be], [기존] → [개선] 등을 시각적으로 표현하기 위해 변화형 패턴을 활용할 수 있습니다. 텍스트로 변화의 내용을 설명하는 것보다 좀 더 한눈에 변화의 의미를 전달할 수 있습니다.

기존 인사행정에서 개선된 인사행정으로의 변화를 표현하기 위해 '박스'와 '세모 화살표'를 이용함으로써, 변화의 방향을 한눈에 보여줌과 동시에 작성자의 의도를 명확하게 표현했습니다.

"인공지능이 알아서 챙겨주는 선제적 맞춤형서비스"

지금까지는	앞으로는

나한테 필요한 서비스는
어디서 어떻게 찾는 거야?

**꼭 맞는 서비스를 알아서
챙겨주니 비서가 따로 없네**

홈텍스 복지로
워크넷
정부24 가족관계증명서
인터넷등기소

???

알림

AI
비서

처리
신청 및 납부

선제적
개인맞춤형
서비스

나만의 복지서비스
보조금(수당)
신청 및 수령
자동차 검사
세금 납부

이때, 화살표에 변화의 주요 내용을 표현하면 의미전달이 좀
더 명확해집니다. 위 보고서에서는 '지금까지는'과 '앞으로는'
사이에 '인공지능이 알아서 챙겨주는 선제적 맞춤형 서비스'라
는 텍스트로 변화의 핵심을 기술하였습니다.

두 번째는 프로세스형 패턴입니다. 어떤 일이든 순서나 절차가
있기 마련입니다. 그리고 대부분의 일은 시계열(시간순서)로
진행되죠. 이런 흐름을 텍스트로만 표현하는 대신 프로세스 도
형으로 정리하면 상대방이 한결 이해하기 쉬워집니다.

〈임원 역량 평가 과정〉

평가단 구성 ('18년 10월)		평가 대상 선정 ('18년 12월)		평가 진행 ('19년 1월)		결과 통보 ('19년 2월)
전문가 영역별 5개명 선정	→	인사고과, 다면평가 등의 결과를 토대로 2배수 선정	→	서류평가 + PT 평가	→	이메일 및 전화 통보 안내사항 전달

만약, 위 보고서 내용을 텍스트로만 작성했다면 상사 입장에서 어떤 생각이 들까요? 이해하기 어렵고 복잡해서 이렇게 말하지 않았을까요?

"정리 좀 해서 가져오지."

▢ 점검 방법

○ (정책 분류) 정책고객을 3개 그룹(취약계층, 일반국민, 공무원)으로 구분하고, 그룹별로 집중점검 실시

1단계		2단계		3단계		4단계
자료수집	▶	현장점검	▶	점검분석	▶	결과 환류

○ (자료 수집) 과제 추진현황과 향후 추진계획, 제도 개선사항, 대내외 지적사항 및 조치결과 등 서면자료 수집
  – 언론 및 민원을 통해 제기되는 현장감 있는 의견 수렴
  – 타 기관의 유사한 정책사례를 발굴, 비교분석을 통한 시사점 도출

위 보고서처럼, 프로세스형은 문단의 상단에 프로세스를 제시하여 상대방에게 큰 틀을 보여주고, 그 아래 세부 내용을 설명

하는 방식으로 많이 활용됩니다.

세 번째는 테이블형 패턴입니다. 숫자 중심으로 기술된 표와 구분하기 위해 테이블형이라는 이름을 붙여 봤습니다. 테이블형은 설명해야 하는 개념이 복잡하거나 가짓수가 많을 경우, 내용을 일목요연하게 정리하기 위해 활용합니다.

[보고서 예시]

전략환경영향평가를 실시하여야 하는 대상 계획은 그 성격에 따라 '정책계획'과 '개발기본계획'으로 분류된다. 정책계획이란 '국토의 전 지역이나 일부 지역을 대상으로 개발 및 보전 등에 관한 기본방향이나 지침 등을 일반적으로 제시하는 계획'으로 국가기간교통망계획, 수자원 장기 종합계획 등 33개 계획이다. 개발 기본 계획이란 '국토의 일부 지역을 대상으로 하는 계획으로, 구체적인 개발 구역의 지정에 관한 계획 또는 개별 법력에서 실시계획 등을 수립하기 전에 수립하는 계획으로 실시계획 등의 기준이 되는 계획'을 말하며, 혁신도시개발 예정 지구의 지정, 도시, 군 관리 계획 등 84개 계획이다.

예를 들어, 위와 같은 보고서가 있다고 가정하겠습니다. 어떤가요? 내용 파악이 되나요? 두 줄도 채 못 읽고 포기하는 사람도 있을 겁니다.

구분	정의	세부계획
정책계획	국토의 전 지역이나 일부 지역을 대상으로 개발 및 보전 등에 관한 기본방향이나 지침 등을 일반적으로 제시하는 계획	국가 기간 교통망 계획, 수자원 장기 종합계획 등 33개 계획
개발 기본 계획	• 국토의 일부 지역을 대상으로 하는 계획으로 구체적인 개발 구역의 지정에 관한 계획 • 개별 법력에서 실시계획 등을 수립하기 전에 수립하는 계획으로 실시계획 등의 기준이 되는 계획	혁신도시개발 예정 지구의 지정, 도시/군 관리 계획 등 84개 계획

이번에는 보고서의 내용을 테이블형으로 다듬어 봤습니다. 우선 두 가지 개념을 설명했으므로 정책계획과 개발 기본 계획을 기준으로 내용을 정리했습니다. 각각에 대해서 개념을 정의하고 세부 계획을 기술한 내용이니, 테이블 상단에 '정의'와 '세부계획'을 붙여 주는 것으로 마무리했죠.

어떤가요? 내용 파악이 한결 쉬워지지 않았나요? 테이블형이 빛을 발하는 순간은 양자, 삼자 간의 내용을 비교해 보여줄 때입니다. 내용이 정리되는 것은 물론이고, 비교의 의미가 가장 효과적으로 전달되기 때문이죠.

국내 OTT 플랫폼 3대 메이저 플레이어의 주요 특징 분석

구분	웨OO	티O	왓O
출시일	2019년 9월	2010년 5월	2016년 1월
지원기기	모바일, 태블릿PC, PC, 스마트TV	모바일, 태블릿PC, PC, 스마트TV	모바일, 태블릿PC, PC, 스마트TV
콘텐츠 수	실시간 채널 102개, VOD 34만 편 이상	실시간 채널 36개, VOD 7만여 편	국내외 영화 10만여 편

네 번째는 관계형 패턴입니다. 관계형은 정보 간의 계층 관계를 보여주고 싶을 때 활용합니다.

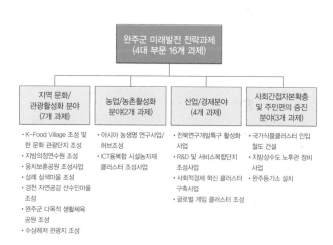

내용 간의 위계나 계층을 표현할 때 보통은 위쪽에 배치된 정보가 상위, 큰 그림이며 아래쪽에 배치된 정보가 하위, 세부내용입니다.

이제 도해화 표현을 쉽게 할 수 있는 세 가지 방법을 소개하며
이번 장을 마무리하겠습니다.

첫째, 복잡한 내용을 낱개의 정보들로 분해한 후, 정보 간의
관계를 파악합니다. 그리고 나서 위에 설명한 특징에 맞춰 적
절한 도형을 선택하고 도해로 표현하는 것이죠.

변화, 흐름, 정리, 비교, 균등, 계층 등

둘째, 아날로그 방식으로 종이와 펜을 들고 작업하기입니다.
컴퓨터 기능에 신경 쓰지 않고 자유롭게 작업이 가능하며, 그
림으로 표현되는 아웃풋과 다시 그 그림이 인풋이 되는 선순환
사고가 되어 효과적인 작업이 가능하기 때문입니다.

셋째, 파워포인트로 작업을 한 후에 그림 파일로 저장하거나,
캡처 기능을 이용해서 옮기기입니다. 도해화는 한글이나 워드
파일에서 작업하는 것보다 파워포인트로 작업하는 게 훨씬 효
율적이거든요.

데이터 자체가 아니라
데이터의 의미를 보여주자

데이터 시각화 방법

보고서를 쓰다 보면 필연적으로 사용할 수밖에 없는 것이 데이터입니다. 사실처럼 보이거나, 그럴듯하게 꾸미고 싶은 마음에 이런저런 데이터를 활용합니다. 하지만 고민 없이 활용한 데이터는 상대방에게 별다른 의미를 전달하지 못하는 것은 물론, 오히려 보고서만 복잡하게 만드는 원인이 됩니다.

[초보]

연도별 비염환자 현황

구분		2015년	2016년	2017년	2018년	2019년	2020년	연평균 증가율 (%)
진료 인원 (천명)	계	2,468	2,522	2,578	2,702	2,750	2,802	2.57
	남성	1,232	1,321	1,342	1,382	1,452	1,521	4.30
	여성	1,236	1,201	1,236	1,320	1,298	1,281	0.71

[중수]

연도별 비염환자 현황

[고수]

*비염 환자는 최근 5년 사이 33만 명 증가하며 연 평균 2.57% 증가세를 보였고, 이는 타 질환 대비 1.4% 높은 수치임

연도별 비염환자 현황

제일 위쪽에 작성한 초보의 자료를 보시죠. 시스템이나 각종 통계자료를 로우 데이터(미가공, 원시 자료) 그대로 가져왔고, 표 형식으로 된 복잡한 자료를 첨부했습니다. 하지만 이런 복잡한 데이터를 보고 싶은 사람은 세상 어디에도 없습니다.

반면, 아래 왼쪽에 중수가 작성한 자료를 보면 표의 데이터를 차트로 전환했죠. 조금 더 시각적인 효과가 발동되어 보는 사람 입장에서 한눈에 들어옵니다. 하지만, 곧 이런 생각이 머릿속에 떠오릅니다. '이 차트를 통해 말하려고 하는 의미가 뭘까?'

마지막으로, 아래 오른쪽이 고수가 작성한 자료입니다. 고수는 상대방이 질문하는 것을 허락하지 않습니다. 차트의 위쪽에 차트를 해석한 의미, 차트를 통해서 말하고자 하는 바를 함께 기술했죠. 이렇게 표현하면 수요자 입장에서 자연스레 결론(주장)을 먼저 접하고, 그 결론과 데이터를 연계해서 해석하기 때문에 좀 더 쉽게 이해할 수 있습니다.

보고서에 데이터를 활용하는 것은 좋지만, 그 전에 데이터를 통해 말하고자 하는 것에 대한 답을 찾아야 합니다. 데이터 자체를 보여주는 것이 중요한 것이 아니라, '데이터가 가지는 의미를 찾고, 나아가 데이터를 통해서 주장하고 싶은 메시지를 함께 기술하는 것'이 데이터 시각화의 핵심이자, 첫 번째 원칙입니다.

두 번째 원칙은 데이터를 보여주는 목적에 따라 차트의 유형을 결정하는 것입니다. 돈가스를 담는 접시가 따로 있고, 짜장면을 담는 그릇이 다르듯이 내가 담고자 하는 데이터의 의미가 어떤 것이냐에 따라 적절한 차트를 선택하는 것이 중요합니다. 여러 가지 차트가 있지만, 가장 많이 쓰이는 것은 '비교', '비중', '흐름'의 세 가지 유형입니다.

먼저 비교 유형입니다. 항목별 차이를 보여주고 싶을 때는 주로 가로막대 그래프를 쓰며, 양자 간 차이를 비교하고 싶을 때는 그룹막대(Paired bar) 차트, 다자 간 항목별 비교와 차이를 보여주고 싶을 때는 방사형 차트를 주로 활용합니다.

1) 가로막대 그래프 – 항목 간 비교
   EX) 자동차별 가격대 분석

2) 그룹막대 차트 – 두 개 값의 상대적 비교
   EX) 자동차 구매와 장기렌탈의 장단점

3) 방사형 차트 – 상대적인 특징을 몇 가지 지표로 표현
   EX) 한국과 일본, 중국의 군사력 비교

두 번째 유형은 비중을 보여주고 싶을 때 쓰는 차트입니다

4) 파이 차트 – 항목별 구성비율
   EX) 지역별 제품 판매

5) 누적 세로막대형 – 다양한 항목의 구성비 및 추이
   EX) 신발, 의류, 액세서리의 지난 5년간 판매 비중 및 전체 판매량

가장 보편적인 차트는 파이 차트입니다. 파이 모양을 닮은 차트로 지역별 매출 비중, 만족도 응답률 등을 보여줄 때 주로 활용합니다.

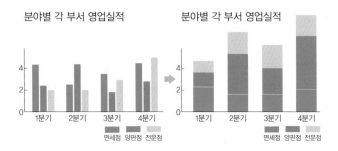

분야별 각 부서 영업실적

분야별 각 부서 영업실적

면세점 양판점 전문점

면세점 양판점 전문점

여러 가지 항목에 대한 비중과 시간적 추이를 함께 보여주고 싶을 때는 주로 누적 세로막대 그래프를 활용합니다. 면세점, 양판점, 전문점 등의 개별 매출과 이 값들을 누적한 전체 값의 추이를 보여주고 싶을 때 말이죠. 실적보고나 매출현황 등을 보고할 때 많이 쓰는 차트입니다.

마지막으로, 시간적 추이나 흐름을 보여줄 때 쓰는 차트입니다.

흐름

6) 세로막대 그래프 – 시간에 따른 변화
   EX) 5년간 자동차 판매량

7) 꺾은선 그래프 – 장기적인 추이
   EX) 지난 20년간 제품 생산량 변화

시간적인 추이를 보여줄 때 가장 많이 쓰는 차트는 세로막대 그래프입니다. 가장 쉽고 직관적으로 흐름을 보여줍니다. A 제품의 연간 판매량 추이, 월별 고객 수 현황 등의 자료를 만들 때 씁니다.

지난 30년간 수출량 변화, 2년간 월별 제품 판매 추이 등 개별 항목의 값보다 전체적인 추이를 보여주고 싶거나, 장기적인 추이를 보여주고자 할 때는 꺾은선 그래프를 활용합니다.

데이터 시각화 원칙의 마지막 방점은 차트를 쓸 때 '보여줄 것만 보여준다'입니다. 한마디로, 색을 통한 하이라이팅 기술(강조표현)을 적용해서 데이터의 의미를 좀 더 쉽고 빠르게 전달하는 것입니다. 이렇게 하면, 차트를 통해 말하고자 하는 메시지와 차트에서 보여주어야 할 것(하이라이팅된 부분)의 유기적인 연결성이 확보됩니다.

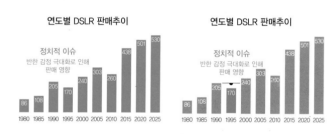

왼쪽의 차트보다 오른쪽의 차트가 좀 더 직관적으로 보이지 않나요? 메시지와 차트의 내용이 유기적으로 연결되어 내용 파악이 한결 쉬워졌기 때문입니다.

[차트를 쓰기 전에 생각해 봐야 할 세 가지 질문]

– 주장하려는 바, 메시지가 무엇인가?

– 어떤 차트를 통해 표현하는 것이 효과적인가?

– 어느 부분에 강조 효과를 가져갈 것인가?

'보고서는 상대방 입장에서 쓴다'고 말씀드린 적이 있습니다. 데이터 시각화에도 이 원리는 동일하게 적용됩니다. 복잡한 데이터를 아무 의미없이 사용하는 것은 상대방에 대한 배려를 잊은 행동입니다. 좀 더 목적에 맞게 시각적인 차트로 변환하는 것이 좋습니다. 여기에 데이터의 의미를 해석한 메시지를 함께 기술해 주면, 상대방에게 '내가 당신의 시간을 절약해 주기 위해 노력했다'는 의미도 함께 전달됩니다. 거기에 메시지와 연계된 부분에 하이라이팅 기술을 통해 상대방이 봐야 할 부분을 강조해 둔다면 데이터는 좀 더 그 의미가 살아나고, 보고서의 설득력 또한 높아질 것입니다.

지식의 저주에 걸리면
상사의 저주를 피할 수 없다

문장은 명확하고 구체적으로 써라

어느 날 라디오에서 재미있는 사연 하나가 흘러 나왔습니다. 아이에게 산수를 가르치다 분노가 하늘을 찌르게 된 어느 엄마의 사연이었는데, 듣다 보니 그 심경이 묘하게 공감되어 웃음이 새어 나왔습니다. 잠시 라디오 사연 속으로 들어가 보겠습니다.

「제가 9살짜리 아이를 키우는데, 산수를 가르치다가 진짜 돌아버릴 지경이에요. 몇 번을 가르쳐 줘도 자꾸 숫자 10을 쓰는데, 01이라고 쓰는 거예요. 한 번은 너무 화가 나서,

"아니! 1을 먼저 쓰고, 0을 나중에 쓰라고!"

그랬더니 저희 아이가 이렇게 쓰는 거 있죠?

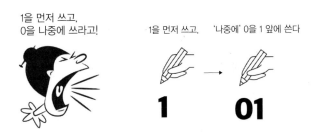

저희 아이가 일부러 그러는 걸까요? 아니면 진짜 산수 실력이 부족한 걸까요? 답답합니다. 속 시원한 해결법 좀 알려 주세요.」

라디오를 뚫고 엄마의 당황스러움과 답답한 감정이 흘러나오는 것 같아 웃음이 멈추지 않았습니다. 동시에 아이의 입장 또한 충분히 이해가 되었습니다. 어느 정도는 쌍방 과실이라는 생각이 들더군요. 하지만 굳이 편을 가른다면, 저는 아이의 손을 들어주고 싶습니다. 정확하게 말하지 못한 엄마의 잘못이 더 크다고 보기 때문입니다. 엄마는 화자인 이상 듣는 사람이 오해하지 않도록 상대방의 입장에서 명확하게 표현해야 했습니다. 예를 들어 1을 왼쪽에, 0을 오른쪽에 쓰라고 했다면 어땠을까요?

보고서에도 비슷한 원리가 적용됩니다. 보고서를 검토한 상대방이 내용 파악에 어려움을 느낀다면, 그것은 철저히 작성자의 탓입니다. 상대방이 이해력이 떨어져서가 아니라 상대방의 입장을 고려하지 못한 작성자의 잘못이라는 겁니다.

보고서를 잘 쓰기 위한 방법에는 여러 가지가 있습니다. 전체를 연결하는 설득 논리, 내용을 체계적으로 정리하는 구조화 능력, 간결한 문장, 시각적인 효과나 여백의 미도 고려해야 합니다. 하지만, 이 모든 것을 차치하고 우선해야 할 원칙이 있으니, 그것은 '상대방이 이해할 수 있게 쉽고 정확하게 써야 한다'는 것입니다.

'쉽고 정확하게 써라', 말은 참 쉽습니다. 하지만, 이 말은 '내일부터 다이어트 해야지'라는 말 다음으로 실천하기 어려운 말입니다. 왜냐하면 우리는 이미 신이 내린 한 가지 저주에 걸려 있기 때문입니다.

"우리는 모두 '지식의 저주'에 걸려 있다."

행동 경제학자인 칩 히스는 자신의 저서 『스틱』에서 지식의 저주를 이렇게 설명합니다. '상대방 입장에서 생각하지 못하고, 내가 말한 그대로 상대가 이해할 것이라고 착각하는 것'

보고서를 쓸 때 우리는 아무 의심 없이 내가 A라고 쓰면 상대방이 A라고 철썩 같이 알아들을 거라고 착각합니다. 상대방이 A를 A' 또는 B, C로 알아들을 수도 있다는 가능성을 너무 쉽게 생략합니다.

다시 한 번 강조합니다. 보고서는 철저하게 상대방 입장에서 써야 합니다. 상대방의 머릿속에 모호함이나 애매함을 남겨서는 안 됩니다. 명확하고 구체적인 것이 좋습니다. 그럼에도 번번이 이런 실수들이 발생합니다. 대표적인 지식의 저주 세 가지를 소개해 보겠습니다.

단어나 문장 성분을 과도하게 생략한다

■ 추진 배경

○ 상담사 없는 업무 처리를 통한 고객 대기시간 감소

○ 단순 · 반복 업무의 고객 셀프 처리를 통하여 자격 · 부과 등 OO보험 상
  담 업무 전문성 강화

추진 배경은 보고서의 도입 부분인데, 이 보고서는 시작부터
앞이 캄캄해집니다. '상담사 없는'은 무슨 뜻이고, '고객 셀프 처
리'는 웬 말이며, '업무 전문성 강화'는 대체 누구의 업무 전문성
이 강화된다는 이야기일까요? 물음표에 물음표가 꼬리를 물다
보니 도무지 무슨 말을 하고자 했는지 알 수 없게 됐습니다.
물론 보고서를 쓴 당사자는 충분히 이해할 수 있는 내용이지
만, 상대방 입장에서는 오리무중, 알 수 없는 외계어로 들릴
뿐이죠. 지식의 저주에 제대로 걸려 있는 사람입니다. 보고서
는 상대방이 최소한의 인지적 노력으로 쉽게 이해할 수 있도록
써야 합니다. 아래와 같이 고쳐 보겠습니다.

■ 추진 배경

○ 상담사 연결이 필요 없는 자동 응답 시스템 도입을 통해 고객 대기시간
  감소

○ 단순 반복 문의 감소로 상담사는 자격/부과 등 전문적인 OO보험 상담
  업무에 집중

여기에 괄호 표현을 통해 문장의 주체나 대상을 명확하게 써주는 방법을 더한다면 내용을 좀 더 정교하게 다듬을 수 있습니다.

■ 추진 배경

○ (고객) 상담사 연결이 필요 없는 자동 응답 시스템 도입을 통해 대기시간 감소

○ (상담사) 단순 반복 문의 감소로 자격/부과 등 전문적인 건강보험 상담 업무에 집중

시제 및 동작 표현이 모호하다

○ 2012년 업무 성과 분석 후, A 제도 도입

A제도 도입을 검토하겠다는 것인지, 검토를 완료했다는 것인지가 불분명한 문장입니다. A제도 도입방안에 대한 검토가 필요하다는 것인지, 도입방안 검토를 완료한 것인지, 앞으로 하겠다는 것인지 문장의 끝을 명확하게 표현해 주는 것이 옳습니다.

○ 2012년 업무 성과 분석 후, A 제도 도입 예정

보고서 내에서 언어의 일관성을 무시한다

보고서에서 단어를 자의적으로 바꿔 쓰는 것은 지양해야 합니다. 처음에 A라고 썼으면 끝까지 A라고 써야 맞습니다. 하지만, 이 간단한 원칙이 의외로 자주 무너지고는 합니다.

이러한 상황은 한 장이 아닌 여러 장의 보고서를 쓸 때 자주 발생합니다. A라는 단어가 뒤로 갈수록 유사어인 A′, A″ 등으로 변형되는 것이죠. 보고서를 쓰는 사람 입장에서는 A=A′=A″는 모두 한 가지를 지칭하는 똑같은 단어로 보입니다. 하지만 A, A′, A″를 받아들이는 상대방 입장에서는 A=A, A′=B, A″=C 로 이해될 뿐입니다. 역시 지식의 저주에 걸려 상대방을 배려하지 못한 표현입니다.

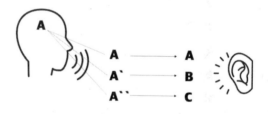

처음에 '아이스 아메리카노'라고 썼으면 끝까지 '아이스 아메리카노'라고 써야 합니다. 중간에 '아.아', '아이스커피', '차가운 커피' 등으로 명칭을 변경해서는 안 됩니다. 작성자 입장에서는 하나를 지칭하는 말이지만 상대방 입장에서는 모두 다른 의미로 받아들여질 수 있습니다.

○ 전등의 각도를 변화시키면 불빛 주위에 모여드는 나방의 수는 증가함

○ 한편 조명의 방향은 나방의 증가 수에 영향을 미치지 않는 것으로 조사됨

위 예시에서 전등, 불빛, 조명은 모두 같은 것(전등)을 지칭하고 있습니다. 하지만 상대방의 입장에서 이 세 가지 단어는 각기 다른 의미로 해석될 수 있습니다. '전등'으로 통일시켜 일관성 있게 쓰는 것이 좋습니다.

○ 전등의 각도를 변화시키면 전등 주위에 모여드는 나방의 수는 증가함

○ 한편 전등의 방향은 나방의 증가 수에 영향을 미치지 않는 것으로 조사됨

지식의 저주를 피할 수 있는 최소한의 안전장치는 내가 쓰고 싶은 대로 쓰는 것이 아니라, 상대방 입장에서 생각하고 쓰는 것입니다. 상대방이 알아들을 수 있게 쉽고, 구체적으로, 일관성 있게 쓰도록 노력해야 합니다.

보고서를 쓰다 보면 종종 이런 생각을 할 때가 있습니다. 상대방이 경험도 많고 지식도 많으니 어려운 단어나 전문용어를 써야 된다고 판단하는 거죠. 하지만, 그건 엄청난 착각입니다. 상사는 내 보고서 외에도 수많은 보고서를 검토해야 합니다. 혹은 자신의 보고서를 작성하고 있는 중인지도 모릅니다. 이처럼 복잡한 상사의 뇌에 어려운 단어나 복잡한 이야기, 이해가 안 가는 설명은 독이 될 뿐입니다.

쉽고, 명확하고, 일관성 있게 작성하다 보면 보고서를 '보고'하고 또 '보고'해야 하는 상사의 저주에서 쉽게 벗어날 수 있을 것입니다.

"

보고서를 검토한 상대방이 내용 파악에 어려움을 느낀다면

그것은 철저히 작성자의 탓입니다.

"

끝날 때까지
끝난 게 아니다

보고서 검토 및 수정의 기술

조직 생활을 하는 사람이라면 누구나 보고서를 씁니다. 보고서 작성 능력은 업무 평가와 직결되기도 하기에, 보고서를 못쓰면 자존심에 상처 날 일이 종종 생깁니다. 야근할 일도 많아지죠. 그래서 한방에 통과되는 보고서는 대다수 직장인의 로망이자 목표이기도 합니다. 하지만 불행히도 한방에 통과되는 신입사원의 보고서는 세상에 몇 없습니다. 나와 생각이 다르고 입장이 다른 상대방을 설득하는 일이 보기보다 쉽지 않기 때문입니다. 보고서는 '보고' 또 봐도 '보고' 있어야 하는 숙명을 가지고 있기에 보고서라는 말도 있습니다. 결국 여러 번의 수정을 통해 완성도를 높이는 방법이 최선입니다.

관련해서 유명한 소설가는 이런 말을 한 적이 있습니다.

모든 초고는 쓰레기다.

-어니스트 헤밍웨이-

하수는 100%를 목표로 해서 보고서를 쓰고 80%의 결과를 만들어 냅니다. 반면 고수는 처음에 50%를 목표로 해서 쓴 뒤 계속해서 고치는 작업을 통해 120%, 150%의 결과물을 만들어 냅니다. 글이든 보고서든 고치면 고칠수록 좋아집니다. 글의 흐름이 명확해지고, 내용도 쉽고 간결해집니다. 치명적인 결함을 제거할 수도 있습니다.

물론 아무 기준 없이 보고서를 검토해서는 의미가 없습니다. 최소한 세 가지 자세만큼은 갖추고 검토해야 합니다.

첫째, 철저하게 객관적으로 접근해야 합니다.

내 보고서와 사랑에 빠져서 좋은 쪽으로만 봐서는 안 됩니다. '이렇게 이야기하면 되겠지?'가 아니라, '이게 말이 돼? 근거 있나? 기적의 논리는 아니겠지?' 등으로 철저하게 비판적으로 검토해야 합니다.

둘째, 상대적이어야 합니다.

내가 아니라 상대방 입장에서 생각해야 합니다. '내가 할 말은 다 했나?'가 아니라, '상대방은 어떻게 생각할까? 궁금해하는 것은 없을까? 알고 싶은 것이 빠진 것은 없는가?' 등의 방식으로 접근해야 합니다.

마지막으로, 보수적이어야 합니다.

'이 정도면 되겠지?'가 아니라 끝까지 집요하게 파고들어서, '더 추가할 것, 뺄 것은? 수치 및 단어 표현은 맞는 거야?' 등으로 보수적으로 접근해서 보고서의 완성도를 높여나가야 합니다.

마지막으로, 보고서를 검토할 때 활용할 수 있는 네 가지 방법을 추천해 드립니다.

첫째, 프린터로 출력해서 보는 것을 추천합니다.

이는 과학적으로도 검증된 사실인데, 같은 보고서라도 출력해서 종이 형태로 검토하는 것이 전체적인 흐름이나 맥락을 파악하는 데 유리하다고 합니다.

둘째, 보고서를 쓴 직후가 아니라, 얼마 정도의 시간을 두고 다시 볼 것을 추천합니다. 시간 간격을 두고 다시 봐야 보다 객관적으로 보고서를 볼 수 있습니다.

셋째, 소리 내서 읽어볼 것을 추천합니다.

눈으로만 읽으면 우리 뇌는 읽고 싶은 대로 읽기 때문에 오류를 찾아내지 못합니다. '문장의 배치 순서는 중하요지 않고'를 '문장의 배치 순서는 중요하지 않고'로 읽어버리는 것이죠. 소리 내서 읽어야 비로소 어색한 문구, 오탈자가 더 잘 보입니다.

마지막으로, 최종 수요자가 아닌 동료, 선배에게 설명을 해보는 것입니다. 이는 가장 효과적인 방법으로서, 상대방에게 설명하는 과정에서 논리적인 허점이 드러나는 것은 물론, 완벽하게 이해하지 못한 부분에서 탁탁 걸리게 됩니다. 그 지점을 다시 수정하는 작업을 통해 보고서의 완성도를 몇 단계 더 높일 수 있죠.

보고서는 잘 쓰는 것보다 잘 고치는 것이 중요합니다. 초고가 끝나는 순간이 곧 수정이 다시 시작되는 순간임을 잊지 말고, 보고 또 보는 수고를 아끼지 말아야겠습니다.

✳ 신입사원에게 필요한 MSG 6

이메일을 보면 인성과 수준이 보인다

소소한 것을 잘한다고 인정받지는 못하지만, 소소한 것을 못하면 얼마든지 무시당할 수 있는 곳이 조직입니다. 너무 자주, 아무렇지 않게 써서 하찮게 느껴지는 이메일이지만, 한 통의 이메일에는 생각보다 많은 것이 담겨 있습니다.

내가 아무렇지 않게 쓴 이메일 한 통에서 상대는 나의 인성과 수준을 판단합니다. 따라서 이메일 한 통일지라도 인성과 실력을 담아서 제대로 작성하는 것이 중요합니다.

제목만 보고도 메일의 내용을 알 수 있게 쓴다

메일의 제목은 인사말이 아닙니다. 메일의 목적이나 핵심 내용, 요청 사항 등으로 메일을 쓰는 이유를 적는 곳입니다.

내부로 발송하는 메일의 경우 [보고], [전달], [공지], [자료], [요청] 등의 머리글을 달아주는 게 좋습니다. 외부로 나가는 메일이라면 머리글로 [회사명]+핵심 내용, 요청 사항 등을 써주면 됩니다.

개인에게 날아드는 메일이라도 하루에도 수십 통은 넘는 경우가 많습니다. 때문에 제목을 구체적으로 적어주면, 수신자 입장에서 빠른 판단을 하는 데 도움이 됩니다. 아래 예시의 경우 오른쪽으로 갈수록 좀 더 좋은 제목이라고 할 수 있습니다.

보고서 송부의 건 → '10월 교육' 보고서 송부의 건 → '10월 교육 결과' 보고서 송부의 건

간단한 인사말로 시작해 보자

이메일도 '글'로 쓴다 뿐이지, 결국 사람이 하는 말이고, 커뮤니케이션의 일환입니다. 비즈니스 메일의 경우 간결하게 사무적으로 작성하는 것이 좋지만, 굳이 냉랭한 기운까지 풍길 필요는 없습니다.

무미건조하게 찬바람 쌩쌩 날리는 문구 대신 간단한 인사를 포함해서 작성하는 것이 좋습니다. 이때 '안녕하세요'라는 인사와 함께 이메일을 받는 상대방의 이름과 직위를 언급하면 좋습니다.

'안녕하세요 김바름 팀장님'

수신인도 알 수 있는 데다, 왠지 친근한 느낌까지 더해지지 않았나요?

내용은 간결하게 구조화해서 쓴다

메일의 내용 역시 보고서처럼 구조화해서 쓰는 것이 좋습니다. 주저리주저리, 생각나는 대로 쓰는 것이 아니라 상대방의 머릿속에 그림을 그려준다고 생각하는 것이죠.

미팅의 내용은 다음과 같습니다.

– 일시 :

– 장소 :

– 내용 :

아래와 같이 변경되어 공지합니다.

변경 전 :

변경 후 :

이처럼 체계적으로 구조화해서 전달하는 방식이 상대방을 위한 배려이자 전달력을 높이는 메일 작성 기술입니다.

메일의 끝에는 서명을 붙인다

메일의 마지막에는 서명을 표기하는 것이 좋습니다. 사인을 하라는 이야기가 아니라, 내 소속, 직급, 연락처, 주소 등을 명함 형태로 남기는 것입니다. 기본적인 것임에도 불구하고 의외로 쓰지 않는 사람이 많습니다.

이메일로만 일을 진행하다 보면 명함을 교환하지 못하는 경우가 있습니다. 때때로 급하게 연락이 필요한 경우, 메일에 연락처나 주소 등이 없다면 정말 급한 상황에도 메일만 기다려야 하는 상황이 벌어질 수 있습니다.

어떤 메일이든 가급적 회신은 한다

받은 메일에는 가급적 회신을 하는 것이 좋습니다. 회신의 필요성을 느끼지 못하거나, 단순 공지메일일지라도 잘 받았다는 간단한 회신 정도는 하는 것이죠. 그것이 메일을 쓰고 보낸 사람에 대한 기본적인 예의라고 볼 수 있습니다.

✦

"혀를 다스리는 것은 나지만
내뱉은 말은 거꾸로 나를 다스린다."

—유재석—

비법 3

프로 말잘러

현기증 나지 않게
결론부터

PREP으로 상대방을 배려한 보고를 하자

리더십이나 소통 관련 강의를 할 때, 리더분들에게 하는 질문이 하나 있습니다.

"보고를 받는 입장에서 가장 답답한 순간이 언제인가요?"

대답이 나오기도 전에 여기저기 한숨이 터집니다. 그만큼 답답한 상황이 많다는 뜻입니다. 회사마다 답변의 우선순위는 다르지만, 항상 Top 3 자리를 지키는 답변이 하나 있습니다.

"결론(핵심)부터 말했으면 좋겠어요."

혹시 한번쯤 들어본 말은 아닌가요? 어쩌면 상사분들에게 귀에 못이 박히게 들은 말이라서 당연하게 생각하고 있는 걸지도 모릅니다. 대부분 그렇게 하고 있다고 생각하실 수도 있죠.
하지만, 결론부터 말하는 방식은 생각보다 쉽지 않습니다. 왜냐하면 사람들은 보통 상대방이 궁금해하는 순서가 아니라 내가 생각한 순서대로 말하는 경향이 있기 때문입니다.

예를 들어 이런 식입니다.

'오늘 점심은 뭘로 하지? 맞다. 저기 모퉁이에 새로 생긴 순대집 있지. 그 집은 매일 아침 직접 순대를 만들어서 파는 수제 순대집이어서 그런지, 속도 꽉 차고 서비스로 머리고기도 듬뿍

준단 말이야. 순대 참 잘하는 집이야. 오늘 점심 메뉴는 순대국으로 해야겠다.'

나름대로 생각한 끝에, 다음과 같은 말이 입으로 흘러 나갑니다.

"김 대리님. 사거리 모퉁이에 새로 생긴 순대집이 있는데요, 그 집 순대는 직접 만들어서 그런지 속도 꽉 차고 머리고기도 서비스로 듬뿍 넣어줘서…."

여기까지 듣고 있자니 김 대리 입장에서는 답답함이 철철 흘러 넘칩니다. 기다리다 지쳐 결국 한마디를 하게 되죠.

"그래서 하고 싶은 말이 뭐야? 그 순대집을 가자는 거야? 아니면 홍보하는 거야?"

장황하고 두서없이 말하는 사람들은 머릿속에 떠오른 생각 순서 그대로 전달하는 경향이 있습니다. 어떤 배경이나 근거를 떠올리고, 추론의 과정을 거쳐 하나의 결론을 만들어 내는 과정을 전부 이야기하는 겁니다.
하지만, 간결하게 정리해서 말하는 사람들은 생각한 순서가 아니라 상대방이 궁금해하는 순서대로 전달합니다. 생각한 순서를 정확하게 뒤집어서 결론부터 말하는 거죠.

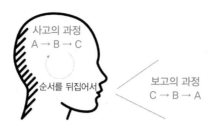

사고의 과정
A → B → C

순서를 뒤집어서

보고의 과정
C → B → A

이렇게 말하는 기법을 'PREP'이라고 합니다. 각각 Point(결론), Reason(이유), Example(근거, 사례), Point(결론)를 의미하죠.

Point	Reason	Example	Point
핵심메시지, 결론을 이야기하고	핵심메시지에 대한 이유를 제시하고	이유를 뒷받침하는 객관적 근거, 사례	다시 한 번 핵심메시지를 반복, 강조한다.

만약 PREP 기법을 장착한 사람이라면 아마 김 대리에게 이런 식으로 말하지 않았을까요?

결론: 김 대리님, 오늘 점심은 모퉁이 순대집으로 가시죠.

이유: 진짜 순대 잘하는 집이에요.

근거: 순대를 직접 만들어서 속도 꽉 차있고, 머리고기도 듬뿍 넣어줘요.

결론: 늦기 전에 얼른 가시죠.

물론, 공식처럼 딱딱 떨어지게 말하는 것을 싫어하는 사람들도 있습니다. 저도 처음에는 그랬거든요. 하지만 PREP은 나름 유용하게 사용된 순간이 많았습니다. 말하는 순서가 결정되어 있으니, 그 순서대로 하고 싶은 말의 내용만 채우면 되니까 꽤 효율적이었던 것이죠. 특히 상사의 질문에 갑작스럽게 답변해야 할 때나 생각이 정리되지 않은 상태에서 내 의견을 말해야할 때 효과적이었습니다.

PREP 기법은 고대 그리스 시대부터 활용한 인류 최고의 설득술이라는 역사적인 증거까지 있으니 설득 효과에 대해서는 굳이 더 의심하지 않아도 될 것 같습니다.

직장생활은 보고로 시작해서 보고로 끝난다고 해도 과언이 아닙니다. 그만큼 PREP 기법은 활용빈도수도 많고, 중요한 직장인의 말하기 스킬이라고 생각합니다. 앞서 제시한 PREP 기법을 적극 활용한다면, 나의 보고 스킬은 올리고 상대방의 시간은 절약하는 일석이조의 효과를 누리게 될 것입니다.

"

간결하게 정리해서 말하는 사람들은 생각한 순서가 아니라

상대방이 궁금해하는 순서대로 전달합니다.

"

상대방 뇌에
꽂히게 말해보자

숫자, 비교, 치환의 기술

얼마 전 급하게 차를 팔아야 할 일이 있었습니다. 어디서 팔면 좋을까 고민하던 중, 한 자동차 경매 사이트 광고를 보고 단박에 여기다 싶어 선택을 한 적이 있습니다.

차를 파는 사람들의 3가지 고민을 해결합니다

"내 차 팔면, 얼마 정도 받을까?"	"높은 가격을 받고 싶어!"	"안전하게 거래될까?"
50만 대 + 경매 데이터,	전화 한 통 없이,	48시간 내 명의이전,
3초 만에 시세조회!	최대 30개 견적 도착!	부담감가 0%

어떻게 보면 별거 없는데 할 수도 있지만, 제가 광고 내용을 보고 끌렸던 이유는 딱 한 가지입니다. 너무나 명확하게 모든 것을 숫자로 표현하고 있었기 때문입니다.

위 그림을 보면 3초 만에 시세 조회, 30개 견적, 48시간 내 명의 이전 등 모든 표현에 구체적인 숫자를 제시한 뒤 메시지를 전달하고 있습니다.

만약 구체적인 수치 대신 짧은 시간 내에 시세 조회, 수십 개의 견적 도착, 빠른 시간 명의 이전 등으로 두루뭉술하고 모호하게 썼다면 조금은 망설였을지도 모르겠습니다.

숫자는 언제나 정확하고 구체적입니다. 오해의 여지가 없고, 직관적이며 강력하게 다가오는 힘을 가지고 있습니다.

비가 올 것 같으니까 우산 가져가라

vs

비가 올 확률이 90%니까 우산 가져가라

어느 쪽이 더 강력하게 들릴까요? 아마 처음의 두루뭉술한 표현보다, 정확한 수치로 표현한 쪽이 좀 더 강력하고 설득력 있게 들리지 않을까 싶습니다. 이처럼 숫자는 불확실한 것들에 구체성을 부여하고, 주관이 아닌 객관성을 보장하는 가장 효과적인 장치라고 생각합니다.

물론 평상시에 하는 일상적인 대화까지 모두 숫자로 이야기할 필요는 없습니다. 하지만 보다 분명한 의사 결정이 필요하거나, 명확한 정보 전달이 필요한 회사에서는 '꽤', '잘', '많이', '빨리', '가깝다' 등 주관적인 판단이 끼어들 수 있는 단어 사용은 지양하고, 가급적 정확한 숫자로 이야기하는 편이 좋습니다.

"최대한 빨리 끝내겠습니다." → "오늘 오후 6시까지 끝내겠습니다."

"진짜 열심히 했습니다." → "매출을 20% 향상했습니다."

"고객들 대부분이 만족하고 있습니다." → "고객 중 67%가 만족하고 있습니다."

특히, 수치적인 표현은 보고를 하는 순간 빛을 발합니다. 예를 들어 어느 기획자가 서면으로 결재하는 방식을 없애고 태블릿 PC를 활용한 전자 결재를 추진한다고 가정해 보겠습니다. 이때 대부분의 사람들은 기획 목표나 효과를 이렇게 작성합니다.

*목표 및 기대효과

– 인쇄 시간 단축으로 인한 업무 생산성 향상

– 종이 사용 감소로 인한 인쇄 비용 절감 효과 기대

어림으로 쓴 보고서는 의미가 정확하게 전달되지 않을 뿐만 아니라, 고민의 깊이가 느껴지지 않습니다. 한마디로 초보가 쓰는 방식이라고 할 수 있습니다. 반면에, 기획의 목표 및 효과를 진지하게 고민해 본 기획자라면 보고서에 이렇게 표현할 것입니다.

*목표 및 기대효과

– 인쇄 시간 월 20시간 단축을 통한 생산성 향상

– 인쇄 비용 월 300만 원, 연 3,600만 원 절감 효과 기대

이때, 내가 말하고자 하는 숫자가 좀 더 의미를 지니게 하기 위해 비교를 통한 표현을 활용하면 더욱 효과적입니다.

'우리 회사 서비스 이용료는 5천 원/월이고, 10만 장의 사진을 무료로 다운로드해서 사용할 수 있습니다.'라는 표현에서는 사실밖에 드러나지 않습니다. 하지만, 화자의 의도는 '우리 회사 서비스 이용료는 저렴하고 많은 사진을 이용할 수 있다'는 것

이죠. 어떻게 표현하는 것이 좋을까요?

"우리 회사 서비스 이용료는 타사 6천 원/월 대비 5천 원/월으로 저렴하며, 타사 서비스는 8만 장을 이용할 수 있는 반면 10만 장의 사진을 이용할 수 있습니다."

이런 비교 표현은 특히 성과를 강조하거나, 좋은 일을 드러내고자 할 때 효과적입니다. 예를 들어 "이번 달 매출 5억 찍었습니다."라는 말을 들은 상사의 반응은 어떨까요? '오~ 잘했어. 대단하네!'를 기대한다면 오산입니다. 상대방의 머릿속에 숫자를 해석할 만한 기준이 없는 탓에 '그래서 많다는 거야, 적다는 거야'라고 생각할 것입니다.

내가 기대한 반응을 이끌어 내려면 상대방에게 해석의 준거를 마련해 주어야 합니다. 바로 이때, 비교를 통해 판단 근거를 마련해 준다면 효과적입니다.

"경쟁사 대비 2억이 많습니다."
"목표 대비 10%가 높습니다."
"지난달 대비 15% 향상된 것입니다."

예시처럼 경쟁사, 목표, 이전 기록 등 비교 근거를 마련해서 제시해 주면 좋겠죠.

우리 뇌는 기존의 것과 비교하여 그 차이를 인식하려는 경향이 있습니다. 그래서 상대방에게 먼저 비교 대상을 인식시킨 뒤에 말하고자 하는 핵심을 이야기하면, 그 숫자의 의미를 더욱 명확하게 전달할 수 있습니다. 저 역시 새로 계약하는 교육 업체에서 강의를 잘하느냐고 묻는 경우에 종종 이렇게 대답하고는 합니다.

"작년에 A 기업에서 강의한 강사님들 평균이 5점 만점에 4.4점인데요, 저는 4.8점입니다."

마지막으로, 숫자를 사용할 때 사용하면 좋은 치환의 기술을 소개하겠습니다. 무조건 숫자를 사용하는 것이 좋을까요? 아닙니다. 내가 제시한 숫자가 상대방에게 쉽고 의미 있게 전달되는 것이 중요합니다. 이때 상대방이 알기 쉬운 숫자로 바꿔서 말하는 것을 치환의 기술이라고 합니다. 상대방을 좀 더 배려하는 표현이자, 숫자의 의미를 좀 더 효과적으로 전달할 수 있는 기술입니다.

예를 들어 볼까요? 우리가 신문에서 자주 접하는 산불 관련 기사를 보면 대부분 이런 식으로 보도가 됩니다.

경북 ○○ 지역 산불, 임야 1헥타르 태우고 진화

여러분은 혹시 임야 1헥타르가 얼마인지 알고 있나요? 저는 솔직히 이 책을 쓰기 전까지 1헥타르가 어느 정도인지 몰랐습니다. 인터넷을 찾아보니 1헥타르는 가로 100m × 세로 100m의 면적을 의미한다고 합니다. 한마디로 10,000m², 3천 평이죠. 이제 조금 이해되는 숫자가 되었습니다. 하지만 이보다 더 좋은 표현이 있습니다. 이렇게 말해보는 것은 어떨까요?

경북 ○○ 지역 산불, 축구장 크기의 50배 면적 태우고 진화

이 시대 요리 멘토이자 요식업의 대가인 백종원 씨는 치환의 기술을 잘 활용하는 사람입니다. 그는 어느 방송국의 요리 프로그램에서 완벽하게 라면 물 양을 조절하는 방법을 이렇게 설명했습니다.

"여러분 라면 봉지에 보면 물 500ml를 넣으라고 되어 있쥬? 근데 500ml를 누가 알아유? 이렇게 하시면 됩니다. 종이컵 3컵입니다. 어때유? 참 쉽쥬?"

숫자로 말하는 것은 고민을 필요로 합니다. 그만큼 뇌의 에너지를 더 소모해야 하죠. 고객 만족도 향상이라고 쓰면 쉽습니다. 하지만, 고객만족도 10% 향상이라고 쓰기 위해서는 10%라는 숫자를 도출하기까지 더 많은 고민과 조사를 해야 합니다. 그러나 그 노력은 고스란히 상대방에게 전달될 것입니다.

숫자는 언제나 정확하고 힘이 있습니다. 오해의 여지도 없습니다.

[숫자 사용의 기술 세 가지]

– 애매모호한 말 대신 숫자로 명확하게 이야기하기

– 숫자의 차이를 비교해서 설명하기

– 상대방이 이해하기 쉬운 숫자로 치환해서 말하기

숫자, 비교, 치환. 내가 하는 말이 상대방의 뇌에 팍팍 꽂히는 그날까지 익히고 연습해야 할 세 가지 기술입니다.

내가 설득되지 않으면,
그 누구도 설득할 수 없다

보고의 순간 '같아요'는 넣어두자

회사에 다니는 친구가 주요 클라이언트와의 미팅에서 안 좋은 일이 있었다고 해서 위로차 만난 적이 있습니다. 빠르게 변하는 취업 시장에 대응하기 위한 새로운 사업전략을 제안하는 자리에서 고객사에게 싫은 소리를 들은 모양이었습니다. 평소 파워포인트 실력이 대한민국 1%라고 자부하는 친구인데, 자존심이 많이 상해 보였습니다.

무슨 문제가 있었던 것일까요? 혹시 몰라서 제안서를 검토해 보니 역시나 기가 막힌 실력입니다.

"내가 볼 때 전혀 문제가 없는데, 혹시 네 보고 방식에 문제가 있었던 것은 아니냐? 혹시 모르니까 담당자에게 보고한 것처럼 나한테 해볼래?"
"풉—"

친구의 웃음소리에 많은 의미가 담겨 있습니다. '다시 생각하기도 싫다', '니가 여기서 갑 님 행세하겠다고?' 등등….

"일단 해보기나 해. 내가 그래도 이 바닥에서 강의하는 사람이다. 혹시 모르니까 일단 한번 해봐."

친구가 마지 못해, 당시의 순간으로 돌아가서 보고하는 연기를 해옵니다. 여기에 친구의 말을 다 옮겨 적을 수는 없지만, 대략 이런 식이었습니다.

"부장님, A기업 홍보 블로그 메뉴가 조금 복잡한 것 같습니다. 이것저것 담으려다 보니까 카테고리가 너무 광범위한 것 같고, 그에 비해 콘텐츠 개수는 많이 부족한 것 같습니다. 이번 기회에 블로그 마케팅을 전문적으로 할 수 있는 SNS 전문가한 명을 채용하는 것이 좋을 것 같습니다. 관련해서 다음 달 개최되는 취업 박람회에 부스로 참가해서 홍보를 병행하면 좋을 것 같습니다."

어떤가요? 내용면에서는 아무 문제없는 보고라고 할 수 있습니다. 하지만, 제 귀에는 한 단어가 자꾸 귀에 탁탁 걸렸습니다. 결국 친구에게 조심스럽게 한마디를 건넸습니다.

"내용 다 너무 좋은데, 너 자료 조사나 준비 확실히 한 거 맞지? 근데 왜 자꾸 말끝에 '같아요', '같아요' 그러냐? 불확실해 보이잖아. 나는 뭔가 자꾸 네가 확신이 없다는 생각이 든다."

친구는 한 번도 생각해 보지 못했던 문제였는지 당황합니다. 적절한 답변을 찾지 못해 동공에 지진을 일으키다가, 결국 다수의 선택에 의지해 옵니다.

"야, 요즘에는 다 이렇게 말하지 않냐?"

말끝에 '같아요'를 붙여서 말하는 방식이 요즘 많이 쓰는 표현 법임에는 틀림없습니다.

"제가 잘못 알고 있는 것 같아요."
"A업체가 진행하고 있는 것 같습니다."

심지어 자신의 감정을 표현함에 있어서도 '같아요'가 등장합니다.

"지금 기분이 슬픈 것 같습니다."
"기분이 안 좋은 것 같아요."

사람들이 불확실함을 나타내는 추측성 어미인 '-같다'를 자주 쓰는 이유는 무엇일까요? 단순한 말버릇으로 볼 수도 있겠지요. 하지만 저는 개인적으로 세 가지 이유 때문이라고 생각합니다.

첫 번째는, 겸손함을 보이기 위해서입니다.

너무 잘난 척하거나, 확신에 찬 표현은 상대방에게 거부감을 줄 수도 있기 때문에 일부러 '-같다'를 붙여 쓰는 것이죠. 모난 돌이 정 맞는 세상에서 최대한 둥글둥글하게 답하기에 이보다 더 적절한 표현이 없었던 것입니다. 상대에 대한 배려의 표현 으로 볼 수 있습니다.

"너는 잘하는 게 뭐니?"
"저는 탁구를 잘 치는 것 같습니다."

두 번째는 사회적인 배경때문입니다.
'-같다'는 지금 시대를 관통하는 언어 습관임과 동시에, 대한
민국의 조직문화를 대변하는 슬픈 자화상과도 같은 말입니다.
'답정너'인 상사가 '그건 안 돼', '네가 뭘 알아?'를 남발하는 덕
분에, 한 발 뒤로 물러서 자신을 숨기는 것이 습관이 된 거죠.
단호하고 단정적으로 말했을 때 듣게 될 싫은 말을 피하기 위
해, 여지를 남기는 표현으로써 사용하는 겁니다.

"이번 디자인 시안 어떻게 생각해?"
"A로 하는 게 좋을 것 같습니다."

마지막 세 번째는 선택의 어려움 때문입니다.
수많은 정보와 선택지가 넘쳐나는 세상이기에 그 어느 것도 확
신할 수 없습니다. 선택을 했다 하더라도 영 자신이 없죠. A도
좋은 것 같고, B도 좋은 것 같다 보니 선택의 순간마다 고민스
럽습니다.

"박 주임, 행사업체 선정했어?"
"예. 제 생각에는 P사가 좋은 것 같습니다."

종합해 보면, '−같다'라는 표현은 내 말이 정답이 아닌 경우에 빠져나갈 구멍을 만들어주는 확실한 묘수라 할 수 있습니다. 정확하게 단언하는 대신 '같아요'라고 말함으로써 내가 한 말이나 선택의 책임으로부터 자유로워질 수 있습니다. 많은 것이 불확실하고, 다양한 선택지가 존재하며, 정답만을 요구하는 조직 분위기 속에서 자연스럽게 생겨난 표현 방식인지도 모르겠습니다.

하지만 설득의 순간에 '−같다'라는 추측성 표현은 자칫 잘못하면 독이 될 수 있습니다. 누군가를 설득해야 하는 상황에서 불확실하고 자신감 없는 표현을 사용하면 상대방에게 신뢰감을 주기 어렵기 때문입니다.

'나보고 결정하라는 이야기인가?' 하는 의구심을 낳게 할 수 있습니다. 어떤 사안이나 상황을 파악함에 있어서 준비가 부족했다는 인식을 줄 수도 있습니다.

따라서 정답이 아닐지라도 보고하는 그 순간만큼은 자신 있게 "○○입니다.", "○○가 맞습니다."라고 말한 뒤, 그에 합당한 이유나 근거를 덧붙여 설득하는 편이 낫습니다. 나조차 설득하지 못하는 사안으로는 그 누구도 설득할 수 없습니다.

스스로 설득되지 않은 보고를 하는 것은
책임을 다하지 못했다는 뜻이죠.

- 웹툰 『미생』 중에서 -

'−같다'라는 말 자체는 내 선택을 강요하기보다 상대방에게 여지를 남겨두는 겸손한 표현이자, 인간관계를 말랑말랑하게 하는 좋은 표현입니다. 그러나 중요한 순간에는 '같아요'를 잠시 넣어두고, 자신감 있고 확신에 찬 돌직구를 한번 던져보는 게 어떨까요? 제대로 받아칠 것이라는 걱정과는 정반대로, 상대방이 헛스윙을 해올지도 모릅니다.

"

중요한 순간에는 '같아요'를 잠시 넣어두고, 자신감 있고
확신에 찬 돌직구를 한번 던져보는 게 어떨까요?

"

문제가 문제가 아니라, 문제만 이야기하는 것이 문제

문제에는 해결책을 붙여서 보고하자

얼마 전 ○○에어를 타고 제주도로 출장 가는 길이었습니다. 제주 공항 착륙 전 갑자기 비행기가 70도 각도로 수직 상승하며 다시 솟아올랐습니다. 다시 떠올리기 싫을 정도의 공포감이 엄습해 왔죠. 이는 제주 공항의 짙은 안개로 인한 문제로, 충분히 이해할 수 있는 상황이었습니다. 다만 화가 난 점은 제가 탄 비행기가 그 후로 40여 분간 제주 상공을 맴돌면서 아무런 조치도 하지 않았다는 사실입니다. 기내 방송을 통해 나온 이야기라고는 고작 '지금 기상 악화로 인해 착륙이 어렵습니다.' 뿐이었습니다.

기내 방송에는 어떤 대안이나 해결책, 향후 계획에 대한 내용도 없었습니다. 결국 비행기는 전남 무안 공항에 착륙했다가, 다시 제주로 향하면서 대략 4시간의 시간을 허비해야 했습니다. 화가 난 일부 고객들은 애꿎은 승무원들에게 화풀이만 했죠. 물론 항공사 입장에서는 최선의 대안을 선택한 것이겠죠. 다만, 그전에 승객들에게 문제 상황을 충분히 공유하고, 그에 따른 합당한 대응 방안을 공유했다면 승객들이 느낄 불안감이나 분노가 반 이상은 줄어들지 않았을까요.

최소한 '인근 공항에 착륙 예정이다. 제주 공항에는 2시간 정도 후에 도착 예정이다.' 정도로 기내 방송을 해주었다면 어땠을지 생각하며, 이후 저는 그 항공사를 이용하지 않는 것으로 소심한 복수를 하고 있습니다.

세상에는 수많은 문제들이 존재합니다. 특히 우리가 몸담고 있는 회사는 문제로 꽉 차 있습니다. 회사 내 크고 작은 문제를 해결하는 과정에서 개인의 능력이 자라나고, 그 결과 한 단계 성장하고 발전하게 되죠. 물론 제대로 문제를 해결하지 못해서 좌절하고 다른 사람을 힘들게 하는 상황도 겪습니다.

하지만 회사에서 상대방이 실망하고 화를 내는 이유는 문제 자체가 아니라, 문제를 이야기하는 태도인 경우가 더 많다고 합니다. 특히 문제 상황을 해결하고자 하는 책임감이 보이질 않을 때, 상대방이 느끼는 실망감이 배가 된다고 하는군요.

"메르스 때문에 준비한 행사 진행이 어려울 것 같습니다."
"출장 일정에 문제가 생겼습니다."
"고객사에서 납기 일정을 이틀 당겨 달라는데요."

가끔 이렇게 보고하는 직원들의 태도에 리더는 속으로 이런 생각을 한다고 합니다.

'그래서 나보고 어쩌라고?'

물론 문제 상황을 숨기지 않고 사실대로 보고해 준 직원의 마음이야 기특합니다. 문제 상황조차 보고하지 않고 자신의 선에서 해결하려고 하다가 일을 키우는 경우도 많으니까요. 하지만 문제만 '던지고' 그걸 '치지' 않으면 듣는 사람 입장에서는 참으로 답답해집니다.

문제 상황에 직면하면 즉시 보고하고자 하는 마음을 추스르고, 잠시 고민하여 대안을 떠올려 보는 건 어떨까요? 확실한 대안까지는 아니더라도 가능한 해결책 정도는 생각한 후에 문제와 해결책이라는 쌍을 맞춰서 보고하는 겁니다.

"고객사에서 납기 일정을 이틀 당겨 달라는데요."라는 말보다 "고객사에서 납기 일정을 이틀 당겨 달라고 합니다. 공장 일정 확인하고, 고객사에 협조를 구해서 하루 정도 앞당기는 선에서 조치해 보겠습니다."라고 말하면 상대방에게 좀 더 안정감과 신뢰감을 줄 수 있습니다.
이때, 여러 가지 대안을 가져가서 내 의견을 덧붙여 말하는 방식이 좀 더 좋다는 것은 앞서 설명한 바 있습니다.

"이런 문제 상황이 발생했습니다. 제가 생각해 본 대안은 A, B, C인데, 그 중 저는 B가 최선이라고 생각합니다. 팀장님 생각은 어떠세요?"

답정너 상사를 만나면 제시한 대안이 까이고, 결국 시키는 대로 할 수밖에 없는 것이 직장인의 운명입니다. 하지만, 적어도 이런저런 대안을 제시해 줌으로써 상사의 생각을 자극하는 트리거(Trigger)[4] 역할을 할 수는 있습니다. 상대방에게 '이 사람

---

4 트리거(Trigger): 사전적 의미는 '방아쇠'. 무언가 일을 일으키는 기폭제 역할을 뜻하는 것으로 사용

은 책임감 있게 문제 상황을 받아들이고, 해결하고자 하는 의지가 있구나'라는 신뢰감까지 줄 수 있죠.

성장하기 위해서는 스스로 문제를 해결할 수 있는 능력과 생각하는 힘을 키워야 합니다. 그리고 문제가 생기면 대안을 이야기하는 습관을 가져야 합니다. 문제를 해결하는 힘을 키우고, 여기에 해결책을 덧붙여 말하는 습관으로 보고의 질을 높여 상사의 신뢰를 얻는 여러분들이 되시길 바랍니다.

✸ 신입사원에게 필요한 MSG 7

문제 – 해결책 – 선택권

예전에 유행했던 영화가 다시 화제가 되는 일명 '역주행 사례' 가 늘고 있습니다. 일명 '짤'이라고 해서 짤막한 영상들이 유튜브를 통해 공유되면서부터 다시 인기를 끄는 것이죠. 이 '짤' 덕분에 유명해진 배우 중 한 명이 영화 타짜의 명품 조연, '묻고 따블로 가!'의 주인공인 배우 김응수 씨입니다.

타짜에서 그가 남긴 여러 가지 명대사가 있지만, 특히 저는 이 장면이 기억에 남습니다. 운전기사가 뒷좌석에 있던 곽 회장 (김응수)을 향해 말을 건넵니다.

"회장님, 올림픽대로가 막히는 것 같습니다."

그리고 곽 회장이 한치의 망설임 없이 한방 날리죠.

"마포대교는 무너졌냐? 이 xx야?"

기사는 할 말이 없어집니다. 만약 이렇게 보고했다면 어땠을까요?

지금 이게 문제인데 (문제 상황)

내 생각은 이렇게 하면 좋을 것 같아 (해결책)

네 생각은 어떠냐? (선택권 공유)

의 순서를 적용해서 말하는 겁니다.

회장님 올림픽대로가 막히는 것 같습니다. (문제 상황)

마포대교와 서강대교로 우회하는 것이 가능한데요. (해결책)

저는 마포대교가 좀 더 빠르다고 생각합니다. (선택권 공유)

물론 희대의 명장면은 탄생하지 못했겠지만, 적어도 운전기사
는 곽 회장의 총애를 받는 직원이 되지 않았을까요?

"

회사에서 상대방이 실망하고 화를 내는 이유는
문제 자체가 아니라, 문제를 이야기하는 태도인 경우가
더 많다고 합니다.

"

당연하다고 착각하는
순간 권리가 된다

고맙다는 말을 아끼면, 고마운 사람을 잃고 산다

tvN 프로그램 중에 《일로 만난 사이》라는 예능을 본 적이 있습니다. 옛날 TV 프로그램 《체험 삶의 현장》의 요즘 버전으로, 연예인들이 출연해서 특정 직업을 체험하는 구성이었죠. 한번은 KTX 열차 야간 청소 작업장이 나왔는데, 연예인들이 그 어느 때보다 바쁘게 움직였습니다.

짧은 시간 내에 청소를 마치고 열차를 보내야 하기에 스피드가 요구되고, 사람들이 여기저기 숨겨놓은 쓰레기를 찾아내는 일도 고되 보입니다. 야간에 하는 일이기에 체력적인 소모도 배가 되는 것처럼 보였죠. 그렇게 서너 시간의 고된 작업이 끝나고 꿀맛 같은 휴식 시간 1시간이 주어졌는데, 이때 어느 연예인이 했던 말이 참 감동적이었습니다.

"수없이 열차를 타고 다녔지만, 누군가 청소를 할 것이라는 생각을 단 한 번도 해본 적이 없네… 참 감사한 일인데. 그동안 당연하다고만 생각했었어."

아마 우리 모두 비슷하지 않을까요? 어딘가 바쁘게 이동하느라, 혹은 여행의 즐거움에 취하느라 누군가가 그 열차를 청소할 것이라고는 미처 생각하지 못했습니다. 깨끗한 열차는 우리에게 너무나 당연한 모습이었으니까요. 그렇게 당연하다는 생각이 고마운 마음을 가리고, 결국 고맙다는 말을 아끼게 되는 것은 아닐까 생각해 봤습니다.

관련해서 어느 영화 속 짧은 명대사는 우리에게 많은 야이기를 전해주고 있습니다. 어쩌면 사람의 본성을 너무 깊숙이 찌른 말이기도 해서 뜨끔한 마음까지 들기도 하네요.

호의가 계속되면 그게 권리인 줄 알아요.

-영화《부당거래》중에서-

다른 사람이 베푸는 배려나 관심에 '고맙습니다'라고 말해보는 것은 어떨까요? '고맙습니다'에는 인정과 보상의 의미가 담겨 있습니다. 인정과 존중은 인간의 가장 고차원적인 욕구인데, 이 욕구를 충족시키는 가장 쉽고 효과적인 방법이 '고맙습니다'라고 말하는 것이라는군요. 그 어떤 물질적인 보상보다 더 큰 의미를 전할 수 있겠죠.

감사 인사를 꼭 거창하거나 대단한 일에 써야 하는 것만은 아닙니다. 도리어 작고 소소한 일에도 습관처럼 아끼지 말아야 할 말이라고 생각합니다. 커피 한 잔 사 주는 것, 엘리베이터 문을 열어 주는 것, 길을 알려 주는 것과 같은 사소한 배려에도 상대방의 노력은 담겨 있습니다. 비록 보이는 것은 작을지라도 그것이 전부는 아니지요.
혹시 회사에서 '고맙다', '감사합니다'라는 말이 어색한 분들이 있다면, 일의 결과를 공유해 보세요. 충분히 감사의 의미를 전하는 인사가 될 수 있습니다.

"덕분에 진행하는 데 큰 도움이 되었습니다."

"김 대리님이 자료 준비해 주셔서 발표 잘 끝났습니다."

결과를 공유하는 것은 생각 외로 중요합니다. 내가 분명 관계된 일이고 도움을 준 일인데, 아무런 결과나 상황을 공유해 주지 않으면 상대방 입장에서는 무시당했거나 괜한 일을 했다는 생각이 들 수 있습니다.

마지막으로, 간단한 스토리와 구체적인 포인트를 곁들인 감사인사로 상대에게 좀 더 특별한 의미를 전할 수 있습니다. 누구나 다 할 수 있는 상투적인 멘트는 잠깐 상대방의 기분을 좋게 할 수는 있지만, 돌아서면 잊혀지게 마련이죠. '고맙네', '잘했네' 등의 말은 진짜 고맙다는 건지 아니면 예의상 하는 말인지 구분이 되지 않을 때가 많습니다.

오현석 저자의 도서 『호텔 VIP에게는 특별함이 있다』에는, 사회적으로 성공한 사람들은 감사 인사 한마디도 구체적으로 한다는 내용이 나옵니다. 레스토랑에서 맛있는 음식을 먹고 "오늘 식사 어떠셨나요?"라는 요리사의 질문에 대부분의 사람들은 "좋았어요. 감사합니다", "맛있었어요."라고 말하지만, VIP의 칭찬은 조금 다르다는 것이죠.

"오늘 스테이크 굽기가 딱 좋아서, 고기가 어디로 넘어가는지 몰랐어요. 아주 맛있었어요. 감사합니다."

이제는 너무나 까마득한 신입사원 시절, "회사에서 화장실 청소하시는 분께 가장 잘해라."라고 말씀해 주시는 분이 있었습니다. 당시에는 그 말이 지니는 의미를 잘 몰랐죠. 하지만 오랜 시간 회사 생활을 하면서 깨닫게 되었습니다.

"세상에 당연한 것은 없으니 그 이면에 숨겨진 누군가의 희생과 노력을 알고 감사할 줄 아는 사람이 되어라."

세상에 당연한 것은 없고, 그 안에는 필히 누군가의 노력과 희생이 담보되어 있습니다. 그것을 발견할 수 있는 사람, 나아가 그 고마움과 감사함을 되돌려 줄 수 있는 인성은 언젠가 반드시 빛을 발하게 되어 있죠. 그런 것을 아는 사람이 되는 것, 저는 그것이 일 잘하는 능력보다 더 중요하고 요즘 시대 더 필요한 능력은 아닐까 생각합니다.

"

세상에 당연한 것은 없고, 그 안에는 필히
누군가의 노력과 희생이 담보되어 있습니다.

"

사과는 생각보다 향기롭다

자존심 세우면서 사과하는 방법은 없다

과거 드라마 《파리의 연인》에서 여자 주인공 강태영(김정은 배우)이 남자 주인공 한기주(박신양 배우)에게 이런 말을 한 적이 있습니다.

"이것 보세요. 한기주 씨! 미안할 때는 미안하다고 하는 거고요. 고마울 때는 고맙다고 하는 거에요. 그런 말 서툴다고 버티지 말고 고치세요. 자존심 세우면서 사과하는 방법은 없어요."

통쾌하면서도 강한 울림이 있었던 이 대사는 비록 '내 안에 너 있다'라는 로맨틱한 대사에 묻혀 많은 사람들의 기억 속에 남아 있지는 않지만, 저에게는 파리의 연인 베스트 명대사로 남아 있습니다.

세상에는 사과를 해야 할 순간에 사과하지 않고 대충 넘어가는 사람이 생각보다 많습니다. 사과를 하는 것에 익숙하지 않아서 그런 것도 있지만, 이밖에도 몇 가지 이유가 있다고 생각합니다.

첫째, 자기 합리화가 끼어들기 때문입니다.
사람은 자신의 신념에 모순이 생길 때 심리적인 불편함을 느끼는 '인지 부조화' 상황에 직면하게 됩니다. 그리고 이를 해소하기 위해, 소위 '잘 되면 내 탓, 잘못되면 남 탓(또는 상황 탓)'으로 돌려버리는 자기 합리화 스킬이 발동되는 것이죠.
'나는 너무나 완벽한 사람이기에 잘못을 할 수가 없는 존재이니, 다른 사람 때문이거나 상황이 꼬인 것이다. 그것도 아니면, '나에게 잘못했다고 말하는 네가 잘못된 것이다'라는 기적의 논리를 만들어 냅니다. 그 결과, 사과의 말을 깊숙이 넣어두고, 상대방을 향한 비난이나 핑계의 말이 먼저 튀어나가게 됩니다.

"그게 아니라, 저번에 팀장님께서 그렇게 하라고 하셔서…."
"업체에서 일정을 잘못 알려줘서…."

둘째, 사과를 해도 제대로 받아들이지 못하는 미성숙한 사회 분위기도 한몫 거들기 때문입니다.
잘못했다고 머리를 숙이는 순간, 상대방이 그 머리를 땅으로 더 깊숙이 밀어 넣으며 몰아세우는 사회 분위기 탓이지요.

"네가 그럴 줄 알았다."
"너 평소에 하는 거 보면… 쯧쯧."

특히 직장에서는 사과를 하는 순간, 모든 문제가 내 잘못이 되고 책임을 떠맡게 되는 경우가 많습니다. 소위, '독박'을 쓰는 거죠. 그래서 사과 국면에서 핑계가 먼저 나갈 수밖에 없는지도 모릅니다.

"업체에서 지연시켜서…."
"김 대리가 자료를 늦게 줘서…."

셋째, 가장 결정적인 이유로, '자존심'이 앞서기 때문입니다.

자존심은 상대방과 비교해 나오는 감정인데, 그 정확히 반대편에는 '열등감'이 자리하고 있습니다. 그래서 잘못을 하고도 사과를 하지 않습니다. 사과하는 순간 자존심 뒷면에 있던 열등감이 고개를 들기 때문이죠.

이에 반해 '자존감'은 조금 다른 감정입니다. 자존감은 모든 결점, 약점, 잘못을 인정하면서도 나 스스로를 존중할 줄 아는 마음입니다. 자존감이 강한 사람은 '내가 잘못했지만, 괜찮아. 다음에 더 잘하면 되지'라는 마음으로, 쿨하게 사과할 수 있는 용기가 있습니다. 흔히들 사과를 '패자의 언어'라고 합니다. 하지만 저는 오히려 사과가 '승자의 언어'라고 생각합니다.

"제가 잘못했습니다."

"제 책임입니다."

사과하는 것은 겸손과 인정의 표현이자, 모든 걸 극복하고 다시 잘 해낼 수 있다는 자신감의 발로이기 때문입니다. 지금 당장은 자존심이 상하더라도, 그것을 발판으로 더 나은 자신과 마주할 기회를 만들어내겠다는 의지이기도 합니다. 오히려 나약하고 열등감에 싸여 있는 사람일수록 사과에 인색합니다.

'내 탓 하면 그나마 한 바퀴, 남 탓 하면 쳇바퀴'

잘못을 인정하고 사과하면 일을 키우지 않고 쉽게 해결할 방법이 생길 수 있습니다. 하지만, 미안하다는 말 한마디를 아끼다가 많은 것을 잃거나, 일을 미궁 속에 빠뜨려 버립니다.

언어는 하나의 '심벌'입니다. 꼭 감정을 담지 않아도, 그 단어 자체가 가지는 상징 때문에 어느 정도는 마음이 전달되게 되어 있습니다. 마찬가지로, 진정성 있는 사과는 아니더라도 일단 '미안하다'라는 말을 건넴으로써 미안한 마음이 어느 정도는 전달될 수 있다는 뜻입니다.

이때, 기왕이면 사과도 제대로 하는 것이 좋겠죠? 사과의 기술 세 가지를 소개해 보겠습니다.

첫째, 사과는 깔끔하게 합니다.

조금이라도 자존심을 건지기 위해 사과 후에 그럴듯한 변명을 늘어놓지 않습니다. "죄송합니다. 제 잘못입니다."라고 군더더기 없이 사과하고, "제가 바빠서….", "잘 몰라서…." 같은 말들은 넣어둡니다. 사과를 핑계와 '콜라보' 하지 않습니다.

둘째, 인정과 책임을 표현합니다.

"죄송합니다."로 끝이 아니라, "시간 관리가 부족했습니다.", "데이터를 잘못 분석했습니다." 등, 어떤 부분에서 실수가 있었고, 잘못했는지를 명확하게 표현해야 상대방이 공감하고 인정할 수 있게 됩니다.

셋째, 개선 의지를 표명합니다.

최고의 사과는 진심으로 인정하고 반성한 후에 개선하기 위한 노력이나 방법을 표명하는 것입니다. 이후에 동일한 상황에서 같은 장면을 만들어내지 않겠다는 다짐이야말로 일등급 품질의 사과라고 할 수 있습니다.

물론 사과는 아픕니다. 영어 'Sorry'의 어원도 'Sore(아픈)'에서 나왔다고 합니다. 하지만 우리는 아픔의 크기만큼 더 성장하고 성숙해집니다. 그러므로 정말 필요한 순간에는 미안하다는 말을 아끼지 말았으면 합니다. 사과의 순간, 핑계를 날리는 대신 제대로 사과할 수 있는 능력, 이 또한 일 잘하는 능력 못지않게 중요한 능력이라고 생각합니다.

호감 가는 말투,
비호감 가는 말투

달콤하고 달달하게, 배려하는 말하기 3대장

오래된 가요 중에 '도로남'이라는 노래가 있습니다. '도루묵'도 아니고 '도로남'이라니 그 제목이 참 재미있습니다. 제목도 제목인데, 노래 가사는 좀 더 재미있습니다. '님이라는 글자에 점 하나만 찍으면, 도로 남이 되는 장난 같은 인생사'. 'ㅣ'와 'ㅏ'가 만들어 내는 절묘한 차이를 현실감 있게 표현하고 있습니다. 물론 일종의 말장난일 수도 있지만, '아' 다르고 '어' 다른 것처럼 한 끗 차이에서 장난 같은 일이 벌어지는 것이 바로 말이라고 생각합니다. 같은 생각이나 의도를 가지고 하는 말이라도 듣는 사람 입장에서는 한 끗 차이 때문에 의미가 바뀌고, 기분이 달라질 수 있기 때문이죠.

관련해서 우리가 자주 쓰는 말 중에 표현을 조금만 달리해도 그 의미가 달라지는 말투 세 가지를 정리해 봤습니다.

YB 화법(Yes But)

: 젊은 감성 듬뿍 담아 YB로 말해보자

가끔 프로젝트성 업무를 진행하다 보면 같이 일하고 싶지 않거나 꺼려지는 사람들이 있습니다. 그들과 멀리하고 싶은 여러 가지 이유가 있지만, 가장 큰 이유는 상대방의 의견을 존중하거나 공감하는 능력이 없는 경우입니다. 예를 들어 이런 식입니다.

멤버 A : 이번 프로젝트의 시작은 고객 설문조사로 시작해 보려고 합니다. 아무래도 기초 정보가 없다 보니 고객들의 의견을 수집하는 것을 시작점으로 하려고 합니다.

이때, 멤버 B가 이렇게 치고 나옵니다.

"아니…."

일단 '아니'라는 말에서 주변 공기가 싸늘해지는데, 그는 개의치 않고 다음 말을 이어갑니다.

"설문조사가 무슨 의미가 있어요? 고객들은 자신이 원하는 것을 정확하게 알지 못합니다. 게다가 누가 설문조사에 진정성 있게 답변하나요? 무의미한 절차라고 생각합니다."

그 말을 듣는 순간 모두의 머릿속에 모 드라마의 대사가 떠오릅니다.

"따박따박 맞는 말이긴 한데, 말 한번 재수없게 한다."

사람은 기본적으로 모두 다릅니다. 살면서 경험한 것과 지식 체계가 다르기 때문에 세상에 내 마음 같은 사람은 없습니다. 그래서 회의를 하거나 의견을 나누는 자리에서 대립이 발생하고, 상대방의 이야기가 이해되지 않거나 억지스럽게 들릴 때가 있습니다. 이때 보통 "그건 아니잖아."라는 말이 반사적으로 튀어 나가게 됩니다. 내면의 방어기제가 발동하기 때문이죠.

하지만, 사람은 감정의 동물입니다. 설득이 논리적으로 이루어지는 것 같지만 실상 감성에 기인하는 경우가 많습니다. 그래서 굳이 상대방의 자존심이나 감정까지 상하게 할 필요는 없습니다.

"결정의 90%는 감성에 근거한다. 감성은 동기로 작용한 다음, 행동을 정당화하기 위해 논리를 적용한다. 그러므로 설득을 시도하려면 감성을 지배해야만 한다."

-데이비드 리버만-

이때 필요한 화법이 YB 화법입니다. 나와 다르다는 이유로 상대방의 의견을 무시하는 대신, 일단 첫마디를 긍정의 신호로 시작하는 것입니다.

YB 화법은 'No, Because(안 돼, 왜냐하면)'가 아니라 'Yes, But(맞아, 그런데)'으로 말하는 화법을 의미합니다. 말의 시작점을 부정이 아니라 긍정으로 가져가는 것입니다. '그런 측면도 있지만', '그 점은 인정합니다만' 등으로 우선 상대방의 말을 인정한 후에 내 의견을 펼치는 화법입니다.

YB 화법의 핵심은 '너는 틀리고, 나는 옳다'가 아니라, '네 생각은 이런데, 나는 생각이 다르다'는 것에 있습니다. 상황을 옳고 그름의 문제로 접근하는 대신, 같고 다름의 문제로 전환하는 거죠.

물론, 반박이나 거절은 양측 모두에게 불편하고 힘든 일입니다. 그럼에도 불구하고 'No'를 말해야 하는 상황이 온다면, YB 화법을 장착해서 상대방을 배려하는 기술을 사용해 보세요. 어렵고 힘들기만 했던 거절의 순간이 이전보다 덜 부담스러워지는 것을 물론, 내 의견에 대한 상대방의 수용도가 높아지는 모습을 보게 될 것입니다.

레어드 화법

: 마침표가 아니라 물음표를 띄워보자

가끔 급하게 주차를 하느라 이면주차를 하고 부리나케 미팅에 가는 경우가 있는데, 늘 초조하고 미안한 마음으로 전화기에 온 주의를 기울이게 됩니다. 아니나 다를까 모르는 번호로 전화가 옵니다. 이때 수화기 너머로 들려오는 말투는 두 가지 유형으로 나뉘죠.

A 유형 : 저기요, 차 좀 빼주세요.
B 유형 : 5212 차주 되시죠? 차 좀 빼주시겠어요?

물론 제 대답은 늘 한결같습니다. "죄송합니다. 금방 내려갈게요." 하지만 그 다음에 이어지는 행동에는 조금 차이가 있습니다. A 유형의 경우에는 최대한 천천히 내려갑니다. 일단 기분이 상했기 때문이지요. 하지만, B 유형의 경우는 빛의 속도로 달려가서 차를 빼줍니다.

여러분들은 둘 중 어떤 말이 더 부드럽게 들리나요? 미묘한 차이지만, 아마 후자를 택하는 사람이 더 많지 않을까 싶습니다. 다른 차가 내 차를 가로막고 있으면 당연히 기분이 나쁩니다. 게다가 상대방이 잘못했다는 생각 때문에 내 마음속에 상대방보다 우위에 있다는 감정이 생기게 되고, 당연하다는 듯이 명령조로 말하게 되는 거죠.

이런 상황은 직장 내 상하관계, 혹은 갑을 관계에서 자주 발생합니다.

"이 옷 좀 바꿔 주세요."
"디자인 좀 수정해 주세요."

명령형이든 의문형이든 상대방의 행동을 유도하거나 변화시키려는 목적은 같습니다. 하지만 상대방에게 전달되는 메시지의 의미는 다릅니다. 단지 물음표 하나 차이임에도, 듣는 사람 입장에서는 그 말이 강요가 아닌 부탁이나 권유로 들리게 됩니다.

"옷 좀 바꿔 주시겠어요?"

"디자인 좀 수정해 주시겠어요?"

이처럼 의문형이나 청유형으로 말하는 방식을 레어드 화법이라고 합니다. 심리학자 제임스 레어드가 개발한 화법으로, 자칫 거부감이 들 수 있는 명령조를 의뢰형이나 질문형으로 바꾸어 이야기하는 것을 말합니다. 상대방에게 일방적인 요구를 하는 대신, 이해와 수용을 기반으로 조금 더 세련되게 말하는 방식이라고 할 수 있습니다.

레어드 화법을 활용하면 말의 어조는 부드럽게 다가가면서도, 제안에 대한 수용도는 오히려 높일 수 있습니다. 마침표가 아닌 물음표를 통해 상대방에게 선택권을 부여하면, 상대방은 보다 긍정적이고 자발적인 자세를 취하게 되기 때문이죠.

쿠션 화법

: 깜빡이를 켠 뒤에 말해보자

운전을 하다 보면 종종 내 앞에서 깜빡이도 안 켜고 '칼치기'로 들어오는 차를 마주하게 되죠. 깜짝 놀라 사고가 날 뻔한 것은 둘째치고 육두문자가 자동반사적으로 튀어나가 버립니다. 상대방 운전자의 비매너에 대한 최소한의 복수라고 할 수 있겠죠. 이처럼 운전을 하면서 끼어들 때는 반드시 깜빡이를 켜는 게 신호이자 예의라고 할 수 있습니다.

마찬가지로 생면부지 타인의 영역으로 들어갈 때는 깜빡이 역할을 할 수 있는 어떠한 '시그널'이 필요합니다. 그에 맞는 의사 표현을 하고, 예의를 갖춰야 한다는 뜻입니다. 이런 말 한마디를 생략하면 누군가를 놀라게 하거나, 때론 기분을 상하게 할 수도 있습니다.

"저기 실례합니다만…."
"잠시 말 좀 묻겠습니다."

이처럼 언어적인 영역에서 자동차의 깜박이 역할을 하는 시그널 언어를 '쿠션어'라고도 합니다. 쇼파 위의 쿠션처럼 말랑말랑한 느낌을 전달하는 언어라고 해서 이름 붙여진 말이죠.

쿠션어는 갑작스럽게 상대방의 영역으로 들어갈 때나 뭔가 부탁을 해야 할 때 깜빡이 역할을 통해, 상대방이 들을 준비를 할 수 있도록 해줍니다. 꼭 필요한 말은 아니지만 말랑말랑한 배려의 언어입니다. 딱딱한 분위기가 될 수 있는 상황을 미연에 방지하고, 좋은 관계를 만들어가는 데 도움이 되는 화법인 것이죠. 습관처럼 입에 붙여 사용하면 호감을 줄 수 있는 말투라고 할 수 있습니다.

"시간 괜찮으시면, 잠깐 볼 수 있을까요?"

"잠시 실례하겠습니다, 자료 요청 좀 하려고요."
"바쁘시겠지만, 잠시 시간 좀 내주시겠어요?"

하지만, 이때 주의해서 사용해야 할 쿠션어가 하나 있습니다. '죄송합니다만, 미안하지만'과 같이 습관적으로 자신을 낮추는 말입니다. 물론 필요한 순간에는 사과의 말을 아껴선 안 되지만 미안하지 않아도 되는 상황에서 미안하다고 하고, 죄송한 일이 아닌데도 죄송하다고 하는 분이 꽤 많습니다. 아마 그렇게 말을 해야 스스로 불편한 마음이 사라져서 그러는 것 같습니다.

하지만 그 말을 들은 상대방의 마음은 어떨까요? 괜히 우쭐한 마음이 들어 상대방을 우습게 생각하거나 경솔하게 대할 수도 있습니다. 순간적으로 '진짜로 미안한 게 있나 보네'라는 생각에 상대적으로 우위에 있다고 생각할지도 모릅니다.

때로는 덩달아 미안한 마음이 들기도 합니다. 상대방이 미안할 일을 하지 않았는데 미안하다고 하면 그 말을 듣는 사람도 괜히 마음이 무거워지는 것입니다. "뭘요. 아닙니다. 괜찮습니다."라고 말해야 하는 상황이 벌어지는 것이죠. 혹시, 심보가 뒤틀려 있는 사람이라면 이렇게 반박해 올지도 모릅니다.

"미안할 거면 왜 이야기하는 거야?"

따라서 진짜 사과해야 할 순간을 제외하고는 '미안하다', '죄송하다'는 말을 남발하지 않는 것이 좋습니다. 대신 상대방이 나에게 도움을 주는 경우에는 '미안하다'는 표현보다는 긍정의 의미를 담아서 '고맙다'고 말하는 것이 더 좋습니다.

"미안하지만, 자료 좀 부탁할게." → "바쁘겠지만, 자료 좀 보내주면 고맙겠어."

살다 보면 '아 다르고 어 다르다'라는 말을 실감할 때가 많습니다. '나는 싫다'와 '나도 싫다'처럼, 조사 한 글자만 바뀌어도 뉘앙스와 의미가 달라집니다. 같은 목적, 같은 메시지라 하더라도 표현 방식에 따라 상대방 입장에서는 그 느낌이 확연히 달라질 수 있습니다.

앞서 설명한 배려의 언어 3대장, YB, 레어드, 쿠션 화법을 장착하고, 직장생활뿐만 아니라 일상생활에서도 유연한 관계를 만들어가는 데 활용해 보기 바랍니다.

✳ 신입사원에게 필요한 MSG 8

모를 때는 모른다고 하고, 질문을 아끼지 말자

인터넷 커뮤니티에서 리더들을 대상으로 '직원들에게 가장 답답함을 느끼는 때가 언제냐'고 물은 적이 있습니다. 수천 개의 댓글로 토론이 이루어졌는데, 그 중 가장 빈도수가 많은 답변이 있습니다.

"모르면 모른다고 말하고, 질문을 했으면 좋겠다."

사람들이 질문을 하지 않는 이유는 여러 가지가 있습니다. 모르는 내용이 중요하지 않다고 생각하거나, 대화의 흐름을 깨지는 않을까 하는 마음에 망설이는 것 등이죠. 하지만 그보다 더 큰 이유는 '모른다고 말하면 무시당하는 느낌이 들기 때문'이라고 합니다.

그러나 의외로, 생각과 다르게 사람들은 모르는 것을 솔직하게 인정하고 물어보는 사람을 좋아합니다. 자신을 가르치려 드는 사람보다 자신에게 모르는 것을 물어보고 배우고자 하는 사람에 더 호감을 느낀다고 하는군요. 질문하는 사람을 무식하게 보는 사람은 그 사람이 무식해서 그런 것일 뿐, 대부분의 사람들은 솔직하게 인정하고 모르는 것을 모른다고 하며 질문하는 사람을 좋아합니다.

모른다고 말할 때에는 두 가지 의미가 상대방에게 전달됩니다. 바로 겸손과 존중의 마음입니다. '잘 모르니 알려달라'는 겸손함의 표현인 동시에 '나는 잘 모르니 이 질문을 통해 당신에게 배우겠다, 도움을 청한다'는 존중의 표현이기도 합니다. 그래서 대부분의 사람은 가르치려는 사람보다, 질문하고 배우려는 사람에게 더 호감을 느낄 수밖에 없는 것입니다.

똑똑해 보이고 싶어서, 남들보다 우위에 있고 싶어서 모르는 걸 질문을 하지 않는 자세는 배움의 기회와 성장의 기회를 포기하는 것과 다를 바가 없습니다. 게다가 언젠가는 내가 모르고 있었다는 사실 또한 드러나게 되어 있습니다.

모르는 걸 모른다고 하고 질문하는 것, 이 잠깐의 쪽팔림을 참아내는 것, 저는 이것이 좀 더 빠르게 직장에서 성장할 수 있는 비결이 될 수 있다고 생각합니다. 모를 땐 모른다고 하고 질문을 아끼지 말아야겠습니다.

말에도 시동 걸고 시작하자

정리하면서 말하는 습관, 연결어 사용하기

가끔 친구가 말하는 것을 들을 때면 뭔가 장황하고 길게 말한다는 인상을 지울 수가 없습니다. 본인이 이야기하면서도 정리가 안 된다는 것을 알고 있는지, 가끔 말끝에 이런 말을 덧붙입니다.

"그러니까 내 말은⋯."

그리고 또 다시 길고 긴 말이 이어집니다. 끊임없이 이어지는 문장의 향연 앞에 듣는 사람은 초점을 잃고, 말이 끝날 때까지 기다리고 있기가 점점 힘들어집니다. 당연히 들은 내용이 기억에 남을 리 만무하겠죠?
가급적 간결하게 핵심만 말하는 습관을 가지는 것이 좋지만, 그게 여의치 않다면 활용해 볼 수 있는 방법이 하나 있습니다. 말을 하기 전에 시동을 걸고 시작하는 것입니다.

■ 핵심을 강조하거나 결론을 말하고자 할 때

– 중요한 건, 핵심은

■ 예를 들어 설명하거나 근거를 들 때

– 예를 들면, 예컨대

■ 반전이나 전환을 시도할 때

– 그럼에도 불구하고, 하지만

이외에도 사용 가능한 말로 '다음으로', '요컨대', '마지막으로', '재미있는 것은' 등이 있습니다. 이처럼 어떤 말을 하기 전에 내가 할 말에 대한 신호를 보내는 말을 '연결어'라고 합니다.

이런 연결어의 효과를 세 가지로 정리해 보겠습니다.

첫째, 문장을 짧게 하는 효과가 있습니다. 좀 더 정확하게는 말의 의미를 분절시키는 효과가 있습니다. 하고 싶은 이야기가 많으면 자연스레 말은 길어집니다. 정리가 채 끝나기도 전에 꼬리에 꼬리를 물고 말이 이어집니다. 이때 긴 흐름을 끝낼 수 있는 말이 바로 연결어입니다. 남발하는 것은 문제가 되지만 잘 활용하면 이야기가 탄탄해지는 것은 물론, 말하는 사람도 편하고 듣는 사람 입장에서도 정리가 되는 방법입니다.

둘째, 상대방이 들을 준비를 합니다. 연결어를 활용하면 '지금까지는 이런저런 이야기를 했는데, 이제는 다른 이야기를 할거야'라는 전환의 의미를 전달하게 됩니다. 상대방에게 다음 말을 들을 준비를 시키면서, 왠지 모를 기대감까지 상승시키죠. '재미있는 것은'이라고 말하는 순간, 듣는 사람의 머릿속에서는 '어? 뭔가 재미있는 이야기를 하려나 보다'라는 기대감이 생깁니다. '중요한 것은'이라 말하는 순간 상대방은 '중요한 내용을 말하려나 보네. 잘 들어야겠다'라는 마음이 드는 것이죠.

셋째, 내가 하는 말에 청자가 집중합니다. 연결어는 상대방의 머릿속에 과녁을 만들어 놓고, 거기에 화살을 쏘는 '집중 효과'를 만들어 냅니다. '중요한 것은'이라고 말하면 상대방의 머릿속에 '중요'라는 과녁이 생기고, '요컨대'라고 말하면 '요약' 과녁이 생기면서 내가 말한 내용이 좀 더 잘 전달되는 것이죠.

연결어는 일상 대화뿐만이 아니라, 긴 호흡으로 말해야 하는 스피치나 발표, 강의 시에도 활용도가 높습니다. 이는 명강사인 아주대학교 김경일 교수님의 강연에서도 자주 발견되죠.

"중요한 건요….”
"지금부터 친구 사례를 이야기해 드릴 건데요….”
"역설적인 것이 뭐냐 하면….”

글은 문장으로 되어 있으므로 앞의 내용이 이해가 되지 않으면 다시 되돌아가서 읽을 수 있습니다. 하지만, 말은 즉흥성을 갖고 있기 때문에 한 번 지나가면 끝입니다. 다시 말해 달라고 요청하기가 쉽지 않죠.
그러니 연결어를 사용해서 말의 흐름을 정리하고 상대방의 이해도를 높여보는 건 어떨까요? 시동을 걸어야 자동차가 움직일 수 있듯이, 내 말에도 시동을 걸어야 상대방의 머리와 마음이 좀 더 쉽게 움직일 수 있지 않을까요?

거절에도
수준이 있다

현명하게 No라고 말하는 방법

업무를 하다 보면 종종 타 부서나 동료의 협조 요청이 올 때가 있습니다. 물론 내가 여유가 있거나 도움을 줄 수 있는 상황이라면 응하는 것이 최선이지만, 도움을 줄 수 없는 상황이거나 내 업무 영역이 아니라면 빠르게 '손절'하는 것이 답입니다.

때로는 좋은 게 좋은 거고, 서로 돕는 것을 최고의 가치라고 여기는 사람은 내가 모르는 영역까지 발벗고 나서서 상대방을 도와주고자 전전긍긍합니다. 물론 좋은 태도죠. 그 심성만큼은 높이 평가할 수 있습니다.

하지만 거절을 망설이는 것은 나를 위해서도, 그리고 도움을 요청한 사람을 위해서도 좋지 않은 방법입니다. 나에게는 업무 부담과 스트레스 요인이 되고, 부탁을 한 상대방 입장에서도 최적의 도움을 받을 수 있는 시간과 기회를 날려버릴 수 있기 때문입니다. 아닐 때는 빠르게 거절하는 것이 최선입니다.

이때, 손절하는 유형에도 두 가지가 있습니다. 효율성을 추구하는 '모르쇠형'과 효과성을 추구하는 '토스형'입니다.

먼저, 효율성을 추구하는 모르쇠형은 내가 모르는 일이거나 도와줄 상황이 아니라고 판단되면, 단호하게 말하는 유형입니다. 어쩌면 가장 효율적이고 현명한 방법이지만, 도움을 요청한 사람에게 좋은 인상을 남기기는 힘든 방법이죠.

A : 박 주임. 회사 홍보 자료 좀 보내줄 수 없어?

B : 아 그거 저희 팀에서 관리 안 하는데요.

더 이상 할말을 없게 만드는 단호박 거절입니다. 이때 형식적
으로나마 유감의 메시지를 덧붙이는 편이 낫다고 생각합니다.

A : 김 대리. 그 자료 구할 수 없나?

B : 죄송하지만. 제 영역이 아닌데요.

물론 충분히 이해는 갑니다. 내 일만 하기에도 벅찬 회사 생활
이죠. 여기저기서 치고 들어오는 협조 요청이나 도움의 손길에
일일이 응하다가는 업무의 맥도 끊기고 야근은 따놓은 당상이
라는 걸 경험을 통해 이미 학습했습니다.
하지만 조직이란 사람들이 모여 공동의 목적을 향해 가는 곳입
니다. 업무를 하다 보면 필연 서로 돕고 협조해야 할 상황이
발생합니다. 내가 도움을 주는 경우도 있지만, 필연 내가 누군
가에게서 도움을 받아야 할 상황도 발생하겠죠? 이때 내가 뿌
려 놓은 씨앗이 없다면, 내가 도움이 필요한 순간 그 누가 나
에게 손길을 내밀기나 할까요?

관련해서 아래 일화를 소개해 봅니다.

"내가 기억하는 목사 한 분이 있습니다. 나치에 저항했던 마르틴 니묄러라는 분입니다. 그가 이렇게 말했습니다. 나치는 처음에 공산주의자를 잡아갔다. 그러나 나는 공산주의자가 아니므로 관심을 갖지 않았다. 그 다음엔 노동자를 잡아가고, 신부를 잡아갔다. 역시 나는 무관심했다. 그러다가 나치가 나까지 잡아가려 할 때 아무도 도와줄 사람이 없었다."

-강원국, 『대통령의 글쓰기』 중에서-

두 번째, 효과성을 추구하는 토스형은 내가 잘 모르는 일이거나 도와줄 상황이 아닐 때 거절 대신 플랜 B를 제시하는 유형입니다. 앞선 효율성 추구형보다 좀 더 상대방을 배려한 방식이죠. 하지만, 이때 조심해야 할 부분은 마치 책임을 떠넘기듯이 말하지 않아야 한다는 것입니다.

A : 매출 자료 정리된 것 있나요?
B : 저희 부서 소관이 아닌데요. 영업팀에 물어보세요.

A : 이번 신제품 상세 페이지 있나요?
B : 저는 잘 모르는데. 김 대리님께 물어보세요.

나름 충분히 상대방을 배려한 답변일지도 모릅니다. 하지만, 듣는 사람에 따라 '뭐야, 귀찮다는 듯이 말하네', '자기 일 아니라고, 떠 넘기듯이 말하네' 같이 오해를 불러일으킬 소지가 있습니다. 이때 한마디만 덧붙이면 좀 더 좋은 거절이 될 수 있습니다. 업무를 토스하는 이유를 설명하거나 효과를 설명하는 거죠.

(이유 설명)

A : 지금 제가 ○○업무로 정신이 없어서. 혹시 김 과장님께 요청하면 안 될까요?

(효과 제시)

A : 영업팀에 한번 의뢰해 보세요. 아마 그쪽에서 판매 데이터를 관리하기 때문에 더 정확한 자료를 제공해 줄 수 있을 것입니다.

모르쇠형이나 토스형이나 어차피 내 입장에서 결과는 똑같습니다. 내가 그 일을 할 수 없다는 입장을 전달하는 거니까요. 하지만 '아 다르고 어 다르다'는 말처럼 상대방이 전달받는 느낌은 판이하게 달라집니다.

모르쇠형은 지극히 효율적이만 상대방에게 좋은 인상을 주지 못하고, 토스형은 내가 좀 더 노력을 해야 하지만, 향후 내가 도움 받을 때를 대비해 작은 투자를 한다는 측면에서 좀 더 효과적인 방법이 아닐까 생각해 봅니다.

시간이 안 되거나, 상황이 아니거나, 내 일이 아니다 싶으면 재빠르게 치고 빠지는 게 상책입니다. 이때 효율성을 택할 것이냐 효과성을 택할 것이냐는 지극히 개인적인 선택이라고 생각합니다.

하지만 인간관계의 기본 법칙인 '주는 것이 없으면 받을 것도 없다'는 기브 앤 테이크의 원리나, 서로의 입장은 바뀔 수 있다는 상대성의 원칙에 비추어 봤을 때 무엇이 더 현명한 방식인지는 충분히 아셨을 것이라 믿습니다.

✳ 신입사원에게 필요한 MSG 9

안 해도 될 말은 그냥 넣어두자

다마 치면 돌아온다

다마는 일본 말로 구슬(공)이라는 뜻인데, 당구장에서 다마를 치면 빙글빙글 돌다가 결국 친 사람에게 돌아오죠? 비슷한 원리로, 남의 뒷담화(다마)를 하게 되면 언젠가 돌고 돌아 그 책임이 돌아온다는 뜻입니다. 내가 친 뒷 다마는 언젠간 그 당사자에게 굴러 들어가고, 결국 나에게 불똥이 튀는 것이죠.

회사에서 결코 있을 수 없는 것 중에 하나가 '비밀'이라고 합니다. "비밀인데… 너만 알고 있어."가 또 하나의 "비밀인데"를 거치고, 이 사이클이 3번만 반복되면 그때는 이미 회사 전체가 알게 된다는 겁니다.

가장 투명한 사람은 앞과 뒤가 같은 사람입니다. 뒷말을 해야겠다면 당사자 앞에서도 할 수 있는 말만 하는 건 어떨까요?

무작정 맞장구치지 않는다

가끔 대화를 하다 보면 무의식적으로 '그래 맞아', '그치', '그렇구나' 하고 맞장구치는 사람이 있습니다. 물론 말하는 입장에서는 가장 원하는 리액션이지만, 자칫 가식적으로 보일 수 있습니다.

또한 상대방이 단순한 맞장구를 자신의 의견에 대한 동의로 받아들이는 경우도 있습니다. 나는 단지 공감을 표명한 것인데, 상대방은 그걸 동의했다고 생각하고 다른 곳에서 나의 의도와 상관없이 악용할 소지도 있습니다.

"누구누구도 그렇게 생각하던데…."
"B씨도 맞다고 한 이야기인데요…."

무조건적인 예스는 좋지 않습니다. 아무렇지 않게 날린 예스가 어딘가에서 좋지 않은 용도로 사용될 수 있으니, 신중하게 생각하고 맞장구를 쳐야 합니다.

할까 말까 망설여지는 말은 넣어둔다

가끔 '이런 말을 해도 되나?', '할까 말까' 고민되는 순간이 있습니다. 그때는 이미 내 머릿속에 그렇게 말해서는 안 될 만한 이유가 자리하고 있다는 뜻입니다. 안 되는 이유를 알고 있으면서도 욕망이 그 이유를 덮으려고 할 때 망설임이 시작되는 것이죠.

그땐 일단 쿨하게 접고 돌아서서 다시 한 번 신중하게 생각해보는 게 어떨까요? 말실수를 줄이고 싶다면 말을 아끼는 게 최선이기 때문입니다.

뿌리가 좋아야
좋은 열매가 열린다

직장 내 관계에 필요한 세 가지 태도

말은 생각을 담는 그릇이고, 생각은 태도에서 비롯됩니다. 평소 사람 간의 관계에 대한 태도가 내 생각을 결정하고 결국에 말로 나가게 되어 있습니다. 따라서 말을 잘하는 사람이 되기 위한 최고의 방법은 좋은 태도를 가지는 것이라고 할 수 있겠죠. 뿌리가 좋아야 좋은 열매가 열릴 테니까요.

이번에는 직장 내에서 가지면 좋을 만한 태도 세 가지를 소개해 보겠습니다.

Give & Take의 공식을 깨고 Give 천사가 되어 보자

'기브 앤 테이크 : 사람 사이의 관계에 있어서 서로 주고받는 가치의 크기가 비슷할 때 관계가 성립되고 발전한다.'

플랫폼 비즈니스 모델 양측의 주체가 제공하는 가치가 동등해야 거래가 성립되고 비즈니스가 이루어지듯이, 사람 사이의 관계도 서로 주고받는 가치가 동등해야 관계가 성립하고 유지될 수 있음을 뜻하는 말입니다. 상호동등, Equal의 법칙이 기브 앤 테이크의 핵심입니다.

하지만 사회적으로 성공했거나 회사에서 인정받는 사람들의 상당수는 평소에 테이크보다는 기브가 많은 사람들입니다. 내가 준 만큼 돌려받는다는 기브 앤 테이크의 원칙은 잘 알고 있지만 그 원칙에 앞서, 줄 것을 생각하는 거죠. 결과적으로 내가 준 기브의 크기 이상으로 테이크 된다는 것을 경험을 통해 잘 알고 있는 겁니다.

호의를 베푼 사람에게 거절을 하기란 쉽지 않기 때문에, 부채 의식을 느끼는 사람은 상대적으로 설득하기가 쉽습니다. 그래서 평소에 '기브 천사'가 되어 상대방의 마음에 빚을 쌓는 것이 협조를 이끌어 내는 중요한 밑작업이 되는 경우가 많습니다. 전문 용어로 '밑밥 깐다'라는 말을 쓰기도 하는데, 좀 더 고상한 비유로 말하면 '농부의 마음'으로 씨앗을 뿌리는 겁니다. 내가 뿌린 씨앗이 어디서 어떻게 자라고 있는지는 몰라도, 언젠가 반드시 나에게 열매로 돌아옵니다. 빚은 갚아야 하는 게 인지상정이라, 도움을 받은 경험이 있는 사람은 쉽게 은혜를 갚으려고 합니다.

저는 여기에 '내가 준 것은 잊어버리는 것이 낫다'라는 원칙을 추가하고 싶습니다. 사람 관계가 틀어지거나 끝나는 경우를 보면, 내가 뭔가 돌려받을 수 있을 것이라는 기대감이 실망감으로 바뀌었기 때문인 사례가 대부분입니다.

기브 뒤에 테이크에 대한 생각이 강하게 자리잡는 순간 관계가 틀어지는 원인이 자라납니다. 기브 뒤에 테이크를 생각하지 않는 것, 어쩌면 그것이 사람을 잃지 않고 슬기롭게 인간 관계를 유지하는 가장 현명한 방법인지도 모릅니다.

갑과 을의 입장은 언제든 바뀔 수 있다

모바일 게임을 하다 보면 적과 나의 입장이 바뀌는 순간이 있습니다. 처음에는 내가 강했지만, 어느 순간 상대방이 강해지는 순간이 오는 것이죠. 내가 강한 순간에는 저돌적으로 상대방을 향해 돌진하지만, 반대의 순간에는 적절히 몸을 숨기며 도망 다녀야 합니다. 이처럼 짧은 게임 한판이지만, 적과 나의 상대적인 입장이 수시로 바뀌며 때론 강자가 되고 때론 약자가 되는 순간이 찾아옵니다.

이런 상황은 회사 생활을 할 때도 종종 벌어집니다. 회사 내 관계를 특정 짓는 대표적인 말로 '갑'과 '을'이 있죠. 거래처에 대해 발주처가, 그리고 직급이 올라갈 때 보통 갑의 지위를 누리게 됩니다. 부서별로도 힘이 있는 부서가 그렇지 못한 부서에 상대적으로 갑의 위치에 서게 됩니다.

이때 갑의 위치에 있는 사람은 은근히 고압적이거나 지배적인 자세로 을의 위치에 있는 사람을 대하게 됩니다. 어찌 보면 인간이 가진 본능인지도 모릅니다. 일명 '완장 효과'가 발동하는 것이죠.

하지만 언젠가는 그렇게 하대하고 무시했던 을에게 부탁을 하거나 미안해지는 순간이 찾아옵니다. 매몰차게 거절하고 돌아섰던 사람에게 부탁할 일이 생기는 것이죠. 그때 그동안 내가 쌓아왔던 갑질이 부메랑이 되어 상대방은 더 센 방법으로 나를 공격해 오거나 갑질을 할 수도 있습니다.

서로의 상황과 처지는 늘 바뀌고 변합니다. 그에 따라 내 입장도 늘 바뀔 수 있음을 명심하시기 바랍니다. 역지사지까지는 아닐지라도, '입장은 늘 바뀔 수 있다'는 생각을 갖고, 상대방을 좀 더 유연하고 배려 있게 대할 수 있는 태도를 갖추었으면 합니다.

과시하지 말고, 약한 척하지 말고

직장 내 인간 관계를 대변하는 말 중에 이런 말이 있습니다. "기쁨은 나누면 질투가 되고, 슬픔은 나누면 약점이 된다." 인정하기 싫지만, 인정할 수밖에 없는 말이라고 생각합니다.

자신의 능력을 지나치게 비하하거나 자신감 없는 사람을 보면 동정심이 들기도 하지만, '진짜 그런가 보네', '같이 일하지 말아야겠네'라는 생각이 들게 되는 게 사람 심리입니다. 반대로 자기 자랑이나 공치사를 자주하거나 잘난 척을 일삼는 사람을 보면 왠지 모를 빡침이 솟는 것은 저만의 느낌적인 느낌일까요?

자신감을 보이는 것도 좋고 솔직하게 자신의 단점을 드러내는 것도 필요하지만 어디까지나 적당히 하는 것이 가장 중요합니다. 100으로 자랑할 것을 20으로 줄여서 말하고, −100의 단점은 −20으로 포장할 줄 아는 기술도 필요합니다.

"

내가 뿌린 씨앗이 어디서 어떻게 자라고 있는지는 몰라도,

언젠가 반드시 나에게 열매로 돌아옵니다.

"

연봉 올릴 생각 말고,
'나'라는 브랜드를 키우자

'취준생'이라는 꼬리표를 떼기 위해 숨가쁘게 달려온 인생입니다. 현재를 담보하고 지금을 희생하면 취업이라는 문이 열리고, 뭔가 끝이 기다리고 있을 줄 알았습니다. 하지만 쉼 없이 달려 도착한 곳은 끝이 아니라, 단지 새로운 시작점일 뿐이라는 것을 깨닫는 데는 많은 시간이 필요하지 않았습니다.

> "취업을 하면 끝날 것 같았는데, 뭔가 그냥 문을 하나 열고 나온 기분이더라고."
>
> -드라마 《미생》 중에서-"

문을 하나 열고 나갈 때마다 더 큰 세계가 있고, 더 큰 좌절이 있으며, 그 끝에 또 다른 문이 기다리고 있습니다. 문은 이어지고 이어집니다. 쳇바퀴 돌듯 반복되는 일상이 무료하기도 하고, 의미 없는 일들을 해나가며 자존감에 상처를 입기도 합니다. 도무지 답이 나오지 않는 회사 문화와 환경에 답답함을 느끼며 방황할지도 모릅니다.

때로는 언제 끝이 날지 모르는 막막함에 더 이상 문을 여는 것을 포기하고 문 밖으로 탈출하고 싶은 순간이 찾아오기도 합니다. 저마다 느끼는 막막함의 크기는 다르겠지만, 우리 모두 각자의 문 앞에서 비슷한 고민을 하며 살아갑니다.

여러분들보다 먼저 몇 개의 문을 더 열고 지나온 선배로서 그 고민의 크기를 조금이나마 줄여줄 수 있는 세 가지 메시지를 전하며 책을 마무리하려고 합니다.

Fashion is Passion

몇 년 전, 서울 가로수 길 맞춤 정장가게에서 아래의 문구를 발견한 적이 있습니다. 단순히 홍보 메시지로 치부하기에는 그 무게감이나 의미가 남달랐습니다. 묘한 울림과 짠함까지 전해졌습니다.

'정장은 남자의 갑옷이다'

'갑옷'이라는 단어에서 단순히 멋있음, 튼튼함 이상의 의미가 풍겼습니다. 정장이라는 옷에 끝도 없이 쏟아지는 일의 무게를 견뎌야 하는 '방어구'와, 인정사정 볼 것 없이 쏟아지는 상사의 공격을 막아내는 '방탄복', 매출 목표를 달성하기 위해 때로는 거래처 앞에 고개를 조아려야 하는 '자존심'까지 담아낸 것은 아닐까 생각해 봤습니다.

그런 의미에서 정장은 하나의 Fashion이기도 하지만, Passion이라는 의미가 아닐까 싶습니다. 남에게 보이기 위한 패션(옷)이기도 하지만, 내 자신을 위해 입는 패션(열정)인 것입니다.

사람은 입고 있는 옷에 따라 마음가짐이나 행동이 달라집니다. 캐주얼을 입고 있을 때, 운동복을 입고 있을 때, 정장을 입고 있을 때, 예비군 군복을 입고 있을 때의 마음가짐이나 행동에는 분명 차이가 있습니다. 그런 의미에서 옷은 단순히 물리적인 도구 이전에 사람의 마음을 결정하는 무언가라는 생각이 들 때가 있습니다.

하루를 시작하는 아침, 거울 앞에서 내가 입고 있는 옷이 Fashion인지 Passion인지 자문해 보시기 바랍니다. 그리고 만약 그 대답이 Passion이라고 한다면, 미래의 성공에 대해 의심하지 않아도 됩니다. 그 마음으로 하루를 버티고 버티다 보면 커다란 결실이 만들어질거라 믿어 의심치 않습니다. 모든 건 '마음'에서 시작되기 때문입니다.

안 된다고 하지 말고, 아니라고 하지 말고

회사 일을 하다 보면 내가 '이것까지 해야 하나?', '내가 해야 되는 일 맞아?'라는 회의감이 들 때가 있습니다. 하기도 싫고,

의미가 없어 보이는 일들이라고 여기기 때문입니다.

어떤 사람은 살짝 망설이다 이내 돌아섭니다. 내가 할 일이 아니라고 판단하기 때문입니다. 어떤 사람은 살짝 발만 들여놨다가 다시 뺍니다. 내가 할 수 없는 일이라고 생각했기 때문입니다. 반면에 일단 끝까지 가보는 사람이 있습니다.

"그래 한번 해보자. 뭔가 도움이 되겠지."

이들은 잘하기 위한 방법을 찾고, 최선을 다해 노력합니다. 경우에 따라 성과로 이어지는 경우도 있지만, 대부분은 기대에 미치지 못하는 결과를 만들어 냅니다.

하지만 비록 성과는 없다고 할지라도 그 경험은 쌓이고, 그 경험은 실력으로 이어집니다. 최소한 '해봤다'라는 자기 위안 정도는 챙길 수 있습니다. 더 중요한 사실은 그 경험이 언젠가 반드시 다른 일과 연결되거나 더 큰 일을 하는 데 자산으로 활용된다는 점입니다.

회사는 좋아하는 일만 하는 곳도 아니고, 잘하는 일만 하는 곳도 아닙니다. 해야만 하는 일, 하기 싫은 일, 못하는 일도 주어집니다. 이때 하기 싫어서, 한 번도 해 보지 않아서 돌아선다면 내가 가진 업무 범위는 변하지 않고, 내 실력도 한 곳에만 머무르게 됩니다. 두려워서 해보지 않고 피하거나 거절한다면 경험은 쌓이지 않고 실력은 늘지 않습니다. 인간은 된다고 생각하면 방법을 찾고, 안 된다고 생각하면 핑계를 찾습니다. 시간을 써야 하고, 때론 희생이 필요하겠지만, 반드시 그에 따른 반대 급부는 있게 마련입니다. 작용과 반작용, 이것이 세상의 진리이기 때문입니다. 지금 당장은 쓸모 없고 가치 없어 보이는 일들이 모여서 언젠가는 성장의 밑거름이 될 것입니다.

회사가 아닌 나를 위해 일한다

회사는 무대이고, 일은 연기다. 회사는 어디까지나 무대일 뿐, 중요한 것은 그 안에서 내가 어떤 연기를 펼치느냐이다.

-호리바 마사오-

회사와 일의 관계를 설명하는 데 있어서 이것만큼 적절한 비유도 없다고 생각합니다. 회사는 어디까지나 무대일 뿐입니다. 무대가 주는 화려함, 조명 등은 회사를 떠나는 순간 더 이상 내 것이 아닙니다. 결국 내가 어떤 평가를 받는지는 내 연기력이 결정합니다. 한 편의 연극이 끝난 후, 무대로 배우를 평가하는 사람은 없습니다. 오로지 그들의 연기력을 이야기합니다.

물론 회사가 가진 자원, 힘, 배경이 내 연기력을 보완해 줄 수는 있습니다. 그래서일까요? 가끔 다니는 회사의 네임벨류, 회사가 가진 자원, 시스템 등이 본인의 실력이라고 생각하는 사람들이 있습니다. 하지만 그건 어디까지나 그 회사를 다니는 순간까지만 내 것입니다. 회사라는 배경을 내 실력이라고 착각해서는 안 됩니다.

회사는 무대일 뿐, 언젠가는 떠나게 되어 있습니다. 따라서 무대를 위해 일할 필요도 없습니다. 회사도, 그 누구도 아닌 나를 위해 일해야 합니다. 명함에서 회사명, 부서명, 직급을 지우더라도 내 이름 석 자를 빛낼 수 있는 실력을 키운다는 생각으로 일해 보시기 바랍니다.

회사와 나를 분리해서 미래의 나를 위해 일한다는 생각으로, 배우는 자세로 내가 맡은 연기에 몰입한다면 언젠가 내 이름 석 자만으로도 빛날 기회가 올 것입니다. 보이지는 않지만 내 연기력은 늘어 있고, 언젠가 내 스스로 브랜드가 되는 날이 올 것이라 확신합니다. 직장인이 아니라 스스로 브랜드가 되는 것, 저는 이게 연봉을 키우고 내가 원하는 일을 할 수 있는 가장 확실한 방법이라고 생각합니다.

이상으로 신입사원 비법서를 마무리하고자 합니다. 이 책이 여러분들의 고민과 갈증을 해소해 주고, 성공과 성장에 작은 디딤돌이 되었기를 희망합니다.

끝까지 읽어 주셔서 감사합니다.

좋은 책을 만드는 길, 독자님과 함께 하겠습니다.

신입사원 비법서 – 딱 3년만 쓸모 있는 직장생활 비법서

개정1판2쇄	2023년 08월 10일 (인쇄 2023년 07월 05일)
초 판 발 행	2022년 03월 10일 (인쇄 2021년 12월 23일)
발 행 인	박영일
책 임 편 집	이해욱
저 자	임영균
편 집 진 행	김지운 · 박유진
표지디자인	김지수
편집디자인	임아람 · 박서희
발 행 처	시대인
출 판 등 록	제 10-1521호
주 소	서울시 마포구 큰우물로 75 [도화동 538 성지 B/D] 9F
전 화	1600-3600
팩 스	02-701-8823
홈 페 이 지	www.sdedu.co.kr

I S B N	979-11-383-3830-1 (13320)
정 가	15,000원